高等职业教育学前教育专业系列教材

U0719492

幼儿园保教

实训指导

主　编　肖鑫鑫　倪　娜　杜新蓉

副主编　郭艳珍　南美迎　王晓云

参　编　南丽娟　孙　苑

西安交通大学出版社

XI'AN JIAOTONG UNIVERSITY PRESS

图书在版编目(CIP)数据

幼儿园保教实训指导 / 肖鑫鑫,倪娜,杜新蓉主编. —西安:西
安交通大学出版社,2022.7
ISBN 978-7-5693-2691-8

Ⅰ.①幼… Ⅱ.①肖… ②倪… ③杜… Ⅲ.①幼教人员-实
习-职业教育-教材 Ⅳ.①G615-45

中国版本图书馆 CIP 数据核字(2022)第 118083 号

书　　　名	幼儿园保教实训指导
	Youeryuan Baojiao Shixun Zhidao
主　　　编	肖鑫鑫　倪　娜　杜新蓉
副 主 副	郭艳珍　南美迎　王晓云
参　　　编	南丽娟　孙　苑
策 划 编 辑	曹　昳
责 任 编 辑	张　欣　王　帆
责 任 校 对	柳　晨
装 帧 设 计	伍　胜

出 版 发 行	西安交通大学出版社
	(西安市兴庆南路1号　邮政编码710048)
网　　　址	http://www.xjtupress.com
电　　　话	(029)82668357　82667874(市场营销中心)
	(029)82668315(总编办)
传　　　真	(029)82668280
印　　　刷	陕西天意印务有限责任公司

开　　　本	787 mm×1092 mm　　1/16	印张 10.75	字数 216千字
版 次 印 次	2022年7月第1版　　2022年7月第1次印刷		
书　　　号	ISBN 978-7-5693-2691-8		
定　　　价	47.60元		

前言
PREFACE

《幼儿园保教实训指导》是一本适用于中高职学前教育专业实践与培训课程的指导性活页教材。根据学前教育的培养目标,本书旨在更好地指导学生运用幼儿卫生健康、幼儿心理学、幼儿教育学、活动设计与指导等相关知识,将教育方法和艺术、音乐、舞蹈等专业技能融入学前教育实践,培养学生职业能力。为了提高实训质量,优化实训形式,本书从认知实习、跟岗实习、顶岗实习三个环节入手,每个项目根据幼儿园岗位能力要求设置相对独立的教学内容,并在内容后安排"工作任务书",便于对学生的学习效果和实践能力进行评估。

幼儿园保育实习与教育实习是学前教育专业学生成长中非常重要的实践环节,其意义在于将理论知识与实践能力相结合,以此凸显职业教育的优势和特色。据此,本书以全新的理念和模块化的教学内容,将学生所学的学前教育知识理论与专业技能运用到幼儿园的实践之中,以锻炼和培养学生适岗能力。本书在编写过程中有以下特色。

(1)教材内容紧密联系幼儿园保育教育(保教)工作的实际内容与要求。

(2)以学前教育专业识岗、跟岗、顶岗内容为基础模块,从学生的实际需要出发,突出针对性。

(3)增加了实习岗位中的案例,以动画、视频、图片等多种形式生动呈现,突出实用性。

幼儿园保育教育实习实训主要向学生传授幼儿园保教的必要知识和技能,包括幼儿园保育教育的概念、意义、目标、内容、要求、方法、程序、评价和管理等。本书根据实习的目标和要求,科学合理地设计了实习生在实习期间必须完成的相关任务,以"任务书"的形式将学生的实习成果表格化、量化,它不仅规定了实习期间学生的任务和操作要求,还方便了学校对于实习学生的实习管理、实习数据存储。

本书编写组由多年从事学前教育专业的高职教师和幼儿园园长、一线教师组成,从学校、幼儿园协同育人的角度,细化教材内容,对接用人单位的实际需求,使教材内容更加科学、全面、新颖。

　　由于我们水平和经验的局限,书中难免存在许多不足之处,恳请各相关单位和院校持续关注,并将意见及时反馈给我们,以便及时修订完善。

编者

2022 年 1 月

目 录
CONTENTS

模块四　幼儿园顶岗实习

模块一

幼儿园保教实习概述

项目一 幼儿园保教实习的目标、任务和意义

　　婴幼儿时期是人生重要的阶段，由于幼儿身心发育尚未成熟，科学有效地实施保育工作就显得尤为重要。保育工作是幼儿园的基础性工作，是幼儿园生存和发展的基础，也是保障幼儿生存与发展权利的重要手段，对实现幼儿全面健康协调发展具有不可替代的重要价值。陈鹤琴先生在《新实习》中明确指出："实习是专业训练上必不可少的一门功课。凡是专业性质的学校，对于毕业的学生，都认为非经过实习这门功课不可。"也就是说，实习为读书与教书搭起一架桥梁，是使师范生能迅速适应未来工作的必要条件。根据培养目标，学前教育专业的实习要面向幼儿园，通过实习，锻炼学生理论联系实际、分析问题、解决问题的能力，让学生了解幼儿园教育与改革的实践，获得知识和能力，为今后顺利走上工作岗位打下良好的基础。

◉ 任务一　幼儿园保教实习的目标和分类

学习目标

　　了解保教实习的目标和分类，对幼儿园保育、教育实习形成初步的理解，增强专业的认同感，进而逐渐形成正确的职业道德观。

任务描述

　　理解保教实习的主要目标，保教实习在不同年级的类别及其主要针对的技能任务。

　　1.通过了解实习保育员的生活管理工作，初步熟悉幼儿在园一日的生活环节，掌握有关保健的知识和技能，进一步明确保教结合的思想理念，培养热爱幼儿、服务幼儿、主动承担劳动任务的良好品德。

　　2.通过熟悉主配班教师的工作，观察幼儿在各项活动中的表现，理论联系实际，进行分析思考，从而加深对专业理论的理解，进一步培养热爱专业的思想感情。

　　3.培养学生自学、自教、自治、自理等独立工作的能力，以及谦逊、友好、团结、协作等合作共事的能力。

任务分析

"保教并重"是幼儿教育的基本原则,保育工作是幼儿园工作的重要组成部分,保育实习是专业实习的一项重要内容。通过深入幼儿园一线,体验、理解幼儿园工作的特点,了解幼儿,熟悉保育工作的基本流程和规范要求,获得保育工作的基本技能,建立职业认同感。

通过理论讲述和分析,掌握相关概念,内化为自己的专业知识储备。

任务准备

在学习之前,请你先想一想,保教实习的目的是什么?这项工作大概分为哪些类型?

_____

_____

_____

知识准备

一、幼儿园保教实习的目标

《幼儿园工作规程》指出:"幼儿园的任务是实行保育与教育相结合的原则,对幼儿实施体、智、德、美诸方面全面发展的教育,促进其身心和谐发展。"保教结合是学前教育的突出特点。学前教育专业教育实习亦称为保教实习,即学生在幼儿园的工作情境中,在幼儿园指导教师的指导下,以及学校指导教师的协助下,通过观察、模仿、实践、反思等学习环节,在幼儿园进行的保教实践活动,旨在构建和完善学前教育专业知识结构,培养和锻炼教育教学与保育能力,提高幼儿教师的职业素养。

1. 加强专业认同感,树立正确的幼儿观、教师观

在实习过程中,深入幼儿园教育的一线,与幼儿一起生活、游戏、成长,深刻体验幼儿园教师的酸甜苦辣,有助于学生在较短的时间内更好地了解幼儿教育;有助于学生坚定职业信念,巩固专业思想,加强专业认同感。

2. "学以致用"——将理论知识转化为实践技能

实践是检验真理的唯一标准。实习过程中会遇到很多困难和问题。学生应将学到的理论知识应用于实践。通过实践丰富所学的知识,在形成"个性化的实践知识"的同时,也形成了个人对学前教育的理论认识,从而更好地将所学的理论知识转化为实践技能。

3. 提升技能,夯实职业技能素养

根据幼儿身心发展的规律及学前教育的特点,幼儿教师必须掌握多种专业技能。例如,音

乐技能、舞蹈技能、绘画技能、制作技能、操作技能等。这些专业基本功都将在保教实习任务中获得一定的提升。

4.完善职业综合素养和创新能力

职业能力不仅仅包括教育教学能力,还包括社会交往能力、科研与创新能力等。教育教学能力主要包括观察能力、组织管理能力、应变能力等。社会交往能力主要包括社会适应能力、人际沟通能力、非语言表达能力、自我管理能力等。科研与创新能力主要包括评价的能力、教育反思的能力、研究与创新的能力等。这些基本能力的养成将有利于学生未来的专业发展。

二、幼儿园保教实习的分类

幼儿园保教实习从横向上可以分为保育实习和教育实习,从纵向上可以分为识岗实习、跟岗实习、顶岗实习,依据每一阶段实习的目标和任务,在实习时间上,识岗实习大多为1~2天,跟岗实习为1个月,顶岗实习为1学期。

(一)保育实习与教育实习

1.保育实习

保育实习的对应岗位为幼儿园保育员,属于基础性实习,是针对幼儿园保育工作具体职责而进行的一种实践活动。它有助于学生对未来职业的工作环境形成初步印象,建立粗浅的感性经验,掌握保育的基本技能,奠定专业学习的基础。保育实习的重点在于:初步感性、全面地了解幼儿园保育工作的特点、内容及幼儿的年龄特点,学习保育工作的基本技能,初步理解幼儿教师的职业特点和职业要求,体验教师工作的辛苦与快乐。保育实习的具体内容包括三个方面:一是在幼儿园指导老师的指导下,尝试组织一日生活;二是见习幼儿园教育活动,尝试组织游戏活动,参与辅导幼儿的学习活动并指导幼儿进行体能锻炼;三是初步尝试对幼儿进行观察,学做简单的观察记录。

2.教育实习

教育实习就是在保育实习的基础上,针对教师的教育教学工作进行的更高层次的实习。具体来讲,即在幼儿园的真实环境中,通过观察、体验、实践、反思等,主动建构并完善教育知识,培养专业能力,发展创新意识,它是理论与实践相结合的学习过程。教育实习的主要内容包括五大方面:第一,能根据幼儿园的常规要求有效地组织幼儿的一日生活;第二,在一日生活中有侧重地对幼儿的行为表现进行观察与评价;第三,参与教学及其他活动的组织与指导;第四,参与班级环境创设;第五,指导幼儿在活动区进行活动。学生通过亲自参与教育教学活动,能够丰富对幼儿教师工作的感性认识,了解幼儿教师的工作职责,初步掌握幼儿园教育教学的基本方法,提升责任感及自信心,为后续的专业理论学习奠定扎实的基础。

（二）识岗实习、跟岗实习、顶岗实习

1.识岗实习

识岗实习又称见习，见习主要以观察幼儿、听课、参观、现场观摩、访谈、调查等形式进行。一般来说，在各专业课程教学过程中可以适当进行有针对性的见习活动。例如，在学前心理学课程学习中，可以安排学生在幼儿园听课或观摩幼儿活动时观察幼儿的语言、行为和作品等，以增加对幼儿心理发展特点的感性认识。另外，见习也常用在保教实习的第一阶段，见习一般可以分散进行，以增强保教实习工作的针对性与灵活性。

2.跟岗实习

跟岗实习是指学生真正到幼儿园中，进行为期一个月的实习，体验不同岗位、不同班级的保育、教育任务。它是学前教育专业实训课程的一项重要内容。通过保教实习，学生能够获得应用所学理论解决实际问题的机会，能够在真实环境的教育实践中逐步体验幼儿教师的工作内容与方法，进一步理解和巩固所学理论，并形成相应的教育技能，从而减少初为人师的紧张感，积累一定的教育经验，增强胜任工作的自信心。具体而言，跟岗实习适用于操作性强、能够充分体现师幼互动的内容的教育教学活动，如常用护理技术与意外事故急救、幼儿园物质环境创设等教育活动。

3.顶岗实习

顶岗实习是学生在校基本完成学业后，即将步入工作岗位前的一次适应岗位的实习，需要学生综合运用本专业所学的知识和技能，完成一定的工作任务，进一步获得感性认识，掌握操作技能，养成正确的工作态度的一种实践性教学形式。与其他内容和形式的实习相比，顶岗实习的特点在于，它要求学生完全履行其实习岗位的所有职责，具有很大的挑战性，对学生的能力锻炼起到较大作用。顶岗实习的主要内容包括以下几个方面：第一，在正确教育理念的指导下大胆实践，能够独立组织幼儿的一日生活；第二，设计与组织幼儿园各领域的教育活动；第三，组织幼儿园的各类游戏活动；第四，尝试对活动区进行指导；第五，参与幼儿园教育环境的创设；第六，进行简单的家长工作等。

思考与练习

阅读并学习《幼儿园工作规程》，以"我心中的幼儿教师"为题，写一篇小作文。

▶ 任务二　幼儿园保教实习的过程和方法

学习目标

明确保教实习工作的基本流程和具体操作方法，培养逻辑思维能力和动手实践能力。

任务描述

实习指导教师应做到：明确内容、分发任务、组织管理、动态监督、过程考评、总结反思。对于实习教师来说，实习过程分为领取任务、入园执行、任务反馈、记录更新、总结反思。

任务分析

明确保教实习的过程是为了更好地了解实习任务，从而做到心中有数、制订计划，掌握实习的基本方法。

任务准备

(1)学习实习手册的内容。

(2)梳理各学科的理论知识点，如教师口语、卫生保健、教育学、心理学、教师职业道德等相关知识，以便在实践中能灵活运用。

知识准备

一、幼儿园保教实习的过程

学生保教实习的过程涉及教学任务下达、学生日常管理、实习单位对接等，因此需要统筹安排、科学管理，主要包括以下几个环节。

1. 成立保教实习工作领导小组

发动教学单位的教师、教研室及学生干部力量，实现保教实习学生与实习单位的对接，确保实习任务的顺利下达与执行。

2. 制定保教实习管理办法

为确保实习的顺利，必须制定科学的实习管理办法，严格对学生的上岗进行监督管理。

某学院学生顶岗实习实施方案

第一章　总则

第一条　毕业顶岗实习是高职教育教学过程中的重要环节，是其他各教学环节的继续、深化、补充和检验，是毕业生走上社会和上岗前全面提高职业能力的必经阶段。为了规范学生的毕业顶岗实习，加强对我院毕业生顶岗实习的管理，全面提高实习教学质量，特制定本办法。

第二条　毕业顶岗实习的目的在于开阔学生的视野,使学生将所学知识及技能应用于岗位实践,熟悉自己将要从事的行业运行情况,较全面地获得本专业生产实际中最常用的技术知识、管理知识和实际操作技能;提高学生的职业素质和独立工作能力,激励学生的敬业、创业精神,为就业做好心理准备,为毕业后走向工作岗位打下扎实的基础。

第三条　顶岗实习由学院、企业、学生三方共同参与完成,校企共同管理,学校居于主导地位。顶岗实习实行科、组二级共同管理。实践教研室及教务科负责全院毕业顶岗实习工作规划和规定的制定、评估、实施;学工办负责学生毕业顶岗实习的组织管理工作,检查并处理重大问题。各队组由具体教师牵头,负责学生实习的日常开展、检查、监督、指导及反馈工作。

第二章　组织管理

学前师范学院顶岗实习领导小组,负责顶岗实习工作的顶层设计、统筹、组织、实施、管理与协调工作。

组长:×××

副组长:×××

组员:×××××××

第四条　毕业顶岗实习以集中安排为主,所安排的每家幼儿园接收学生人数不少于3人,学生自主联系的顶岗实习须与实习单位单独签订实习协议,实习协议内容应包括各方的权利、义务,实习期间的待遇及工作时间、劳动安全卫生条件等,实习协议应符合劳动法律法规规定。

第五条　实习单位负责对实习学生的日常管理,并与学校保持联系,定期接待学校实习指导教师的走访,客观真实地向学校实习指导教师反映学生在单位的实习情况。

第六条　实习单位为顶岗实习学生提供对口的教学一线的专业技术岗位。实习期满后,实习单位应对实习学生做出书面鉴定,作为评定学生实习成绩的依据。

第七条　实习期间如发生违法违纪或人身意外伤害等事故的,由学生本人负责。

第八条　实践教研室及教务办负责毕业顶岗实习的宏观管理和具体实施,主要职责如下。

(一)制定实习的规划和其他相关的规章制度。

(二)负责实习工作的检查监督、评估、总结和交流。

(三)协调各小组与实习单位的关系。

(四)根据专业培养目标,组织制定实习大纲,组织指导教师制定学生实习计划。实习计划应在实习前发给学生。

(五)组织实施实习计划,包括确定指导教师、学生的分组及实习过程的管理等。学生分组一般应在按就业去向分区分类的基础上划分。

第九条　学工办负责毕业顶岗实习的组织管理工作,主要职责如下。

(一)组织开展实习前的专题培训,强化学生职业技能训练,帮助学生明确实习目的、任务、方法和考核办法等,加强实习纪律和安全教育,杜绝各种意外事故发生。

(二)处理各种突发事件。

(三)对实习成绩进行评定,对实习材料进行整理、归档和上报。

第十条　指导教师的职责如下。

对顶岗实习学生实行校内指导教师和在实习单位内聘请专业实习指导教师联合指导的办法进行。

(一)校内指导教师应由具有一定实践经验的助教以上职称的教师担任。

(二)依据学院实习大纲,结合学生顶岗实习岗位,制定学生具体的实习方案和计划。实习计划应包括:实习目的与要求、实习内容与任务、实习方法与步骤、实习纪律、实习总结与考核等。

(三)实习指导教师要定期检查学生在顶岗实习管理系统中的打卡情况,指导学生填写实习日记,检查实习进度和质量。在业务指导的同时应注重培养学生良好的职业素质。

(四)实习指导教师在学生实习末期要指导学生撰写实习总结,保证学生的实习质量和水平。

(五)校内指导教师应与实习单位指导教师密切沟通,加强对学生的过程指导,帮助学生解决实习中存在的问题。在实习期间每周至少一次到学生实习现场指导,其他形式的指导应保证每周两次以上,并定期形成阶段考核意见。

(六)实习教学任务完成后,校内指导教师要听取实习单位对学生实习工作的意见,做好实习总结,形成书面材料。

第十一条　实习生职责。

(一)所有学生都必须按专业人才培养方案的要求按时参加顶岗实习。对于集中安排的顶岗实习,无正当理由不参加者,或中途无故退出者,不能获得相应学分,也不能参加毕业设计(论文)答辩。

(二)对于正常安排的顶岗实习,实习学生应当严格遵守教研室和实习单位的规章制度,服从管理。对于滞后或中停1个月仍然没有落实实习单位的学生,应积极主动向教研室、专业指导老师、队长汇报。

(三)学生实习期未满,不得擅离或调换实习单位。个别学生确因特殊情况,中途调换实习单位的,须本人提出书面申请,报教研室顶岗实习工作领导小组批准。学生未经批准擅离、调换实习单位的,实习成绩为零分,其间发生的一切问题由学生本人负责。

(四)实习学生如有身体健康原因无法参与实习培训或中断实习,需持三级甲等以上医院证明方可办理免修或缓修,办理手续参照某学院学生管理规定第三章第三、四节中相关规定。

（五）学生在实习单位应尊重企业指导老师，要服从分配，认真工作，并遵守实习单位的各项规章制度。若遇到问题，应及时与教研室指定的指导老师或中队长联系，由教研室出面与实习单位协商解决。对因违纪造成恶劣影响的学生，学校将根据有关学生管理规定给予相应处分。

（六）在顶岗实习中，学生不仅要接受岗位技能的训练，还要接受和学习实习单位管理制度、企业文化、行业标准，接受实习单位和学校双重制度的管理。各专业要积极运用学校网络教学平台，采取灵活多样的教学模式，组织学生成立学习小组，利用通信、计算机网络或现场指导等多种方式，加强对学生的教学指导，为学生辅导答疑。

（七）学生实习期间，应积极主动与教研室、专业指导老师、中队长、实习单位指导老师及家长保持紧密联系，完成顶岗实习报告。

（八）在顶岗实习期间，学生违犯国家法律、法规，按国家法律规定移交司法机关予以处理。

第三章　实习纪律

第十二条　毕业顶岗实习是教学计划中综合性最强的实践性教学环节，对培养学生良好的职业素质和认真负责的工作态度，提高学生的综合岗位能力具有重要的意义。

第十三条　"顶岗实习"的学生具有双重身份，既是一名学生又是实习单位顶岗的一名员工。因此，在顶岗实习中要努力做到以下内容。

（一）认真学习顶岗实习的有关管理规定，明确实习目的，端正实习态度。

（二）每天按要求在顶岗实习实习管理系统中进行打卡和实习日志的填写。

（三）主动与校内指导教师保持联系，保持通信工具的畅通。

（四）强化职业道德意识，爱岗敬业，遵纪守法，做一个诚实守信的实习生和文明礼貌的员工。

（五）服从领导，听从分配，自觉遵守学校的校纪校规和实习单位的各项规章制度，按时作息，不迟到，不误工，不做有损幼儿园形象和学校声誉的事情，维护实习秩序和社会安定。

（六）认真做好岗位的本职工作，培养独立工作能力，努力提高自己的专业技能。

（七）认真做好实习现场工作记录，为撰写实习报告积累资料，为实习考核提供依据。

（八）实习结束后，上交实习资料，包括：

（1）实习协议；

（2）实习计划；

（3）实习报告；

（4）实习鉴定表（考核表）（包括指导教师鉴定和实习单位意见）；

（5）实习日志；

（6）实习总结（对实习过程和内容的感受，应突出实习过程中本人在职业素质和岗位综合能力等方面提高的内容）；

（7）离校申请表；

（8）安全承诺书。

校内指导教师上交实习检查记录表。

（九）按照顶岗实习计划和各岗位特点，安排好自己的学习、工作和生活，按时按质完成各项实习任务。

（十）树立高度的安全防范意识，牢记"安全第一"，严格遵守操作规程和劳动纪律。

（十一）严格遵守实习单位的考勤要求，特殊情况需请假时应征得实习单位的批准，并及时向校内指导教师报告。

（十二）实习期内如需变更实习单位，须征得校内指导教师同意并取得原实习单位的谅解。擅自离开实习单位的，严格按照学籍管理的有关规定处理，其间发生的一切问题由学生本人负责。

（十三）发生重大问题，要及时向实习单位和学校指导教师报告。

（十四）对严重违反实习纪律，被实习单位终止实习或造成恶劣影响者，实习成绩按不及格处理。

（十五）无故不按时缴实习报告或其他规定的实习材料者，实习成绩按不及格处理。

（十六）凡参加顶岗实习时间不足学校规定时间三分之一者，不予评定实习成绩。

第四章　实习安排

第十四条　毕业顶岗实习的时间一般安排在在校学习的最后一个学年，时间不少于 6 个月。

第五章　成绩考核

第十五条　毕业顶岗实习成绩考核采取考查方式，成绩分设优秀、良好、及格、不及格 4 个等级。由指导教师根据学生在实习过程中岗位能力和职业素质提高的情况，结合实习表现、实习报告、实习鉴定和实习单位的意见，依据各系制定的学生顶岗实习成绩评定标准，给出学生顶岗实习成绩。

第十六条　作为学生就业的重要凭证之一，对顶岗实习成绩合格的学生，学院发放经校企双方共同确认的"学生顶岗实习证书"。

第十七条　本办法自公布之日起执行。

二、幼儿园保教实习的方法

幼儿园保教实习的方法有观察法、练习法、评价法。

1.观察法

观察是了解幼儿的重要途径,只有通过观察,才能掌握幼儿认知、行为习惯的规律和特点,除了了解幼儿,观察的对象也可以是实习中的其他对象,如同事、领导、家长、幼儿园的环境等。在观察中学习、在观察中发现问题,了解幼儿、教师、幼儿园环境等的特点,为实习工作打好基础,为顺利上岗做好准备。观察的分类如表1-1所示。

表1-1　观察的分类

分类	观察方法	具体含义
按观察者观察角度分类	旁观者观察	观察者不介入活动中,以旁观者的姿态对观察对象进行观察
	参与式观察	观察者参与到观察对象的活动中,以合作者、同伴的视角进行观察
按观察者观察目的分类	取样观察	以具体事件对特定观察者进行的观察
	评价观察	按预先制作好的评价标准,对观察者的行为进行评价

2.练习法

实习的重要目的就是要在实践练习中,将理论知识转换成实践技能。因此,很重要的一个途径就是练习。在实习当中,做到学习—思考—练习—总结—提升,在幼儿园一日生活的各个环节中,不论是晨间的动作、消毒的步骤、活动的组织实施,还是餐饭的发放,都需要进行多次练习,以达到"熟能生巧"的目的。

3.评价法

幼儿发展评价的方法是指收集评价信息的方法。幼儿教师所运用的方法,应符合幼儿园教育工作的特点,符合幼儿身心发展的特点,并易于为教师学习、练习、掌握和运用。幼儿发展评价过程和课程、教学整合的过程是一个统一的整体。收集信息,判断、改进教育活动是基本步骤,因此,可以认为:教育评价是通过系统地收集和分析信息,对教育活动满足社会与个体需要的程度做出判断,以促进教育教学发展的实践活动。

知识 延伸

往届实习生经验分享。

思考 与练习

丁丁和豆豆是一对好朋友,在幼儿园的时候做什么都在一起,老师上课的时候他俩一直在说话,这时指导老师就让丁丁坐到了后面一排,丁丁因为豆豆上课认真听讲,不和他说话,认真配合老师上课,之后也不再理睬豆豆了。请根据保教实习的基本方法,说一说用什么方法解决丁丁和豆豆的问题。

_____

_____

_____

_____

项目二 幼儿园保教实习的准备

唯有勇敢者才应该从事教学。也唯有热爱儿童的人才应该从事教学。教学是一种使命。教学犹如神职般令人敬畏,犹如欲望般与生俱来,犹如伟大艺术家的天分般不可阻挡。若一个人尚未满怀对人类发展的深切关注,对鲜活生命的诚挚热爱,以及对神职人员与艺术家的种种想象,她就注定与教学工作无缘。

——赛珍珠·巴克(Pearl S. Buck)

▶ 任务一 重构所学知识,建立知识库

学习目标

能够将所学理论知识系统化、分类化,根据幼儿园保教实习的基本内容和步骤,将理论应用到实践当中。

任务描述

将所学理论知识以"关键词"的方式进行提炼,然后按类别进行归纳。

任务准备

校内指导教师、校外实习单位指导教师及实习生自身都需要做周全的准备。校内指导教师需要明确实习任务,校外实习单位指导教师需要明确岗位要求,实习生则依据两位指导教师的要求来做准备。

知识准备

实习生应做好儿童生理学、教育心理学、教师职业道德、幼儿教师口语、幼儿园主题活动设计与组织、幼儿园专业知识与技能方面的准备。

任务 实施

　　如果你要组织一节音乐活动,需要让幼儿理解"节奏"和"节拍"的区别,请问你觉得需要做哪些学科知识的准备?请写在下面的横线上。

_____

_____

_____

◉任务二　与"他们"的初次见面

学习 目标

　　掌握与幼儿、同事、管理者及家长初次见面的注意事项及沟通要点。

任务 描述

　　制订初次见面的计划,明确岗位工作的侧重点和难点。

任务 准备

　　掌握与不同气质类型幼儿的交流技巧,以及与同事、管理者、家长的沟通技巧。

知识 准备

一、与不同气质类型幼儿的沟通技巧

　　(1)胆汁质。对于胆汁质的孩子应侧重于自制能力和情感平衡性教育,使其既能保持行为主动、热情和敢于创造的精神,又能克服急躁、粗暴、易被激怒的弱点。与胆汁质的孩子说话时,应尽量放慢声调和语速,要引导其动脑筋,多做思考。当孩子有过错时不要当众批评,应在事后解决。

　　(2)多血质。对于多血质的孩子要特别注意培养他们认真细心的习惯,帮助他们选择课外读物或课外活动,以避免其兴趣过于广泛而一事无成。

　　(3)黏液质。对于黏液质的孩子应加强速度和效率及广泛兴趣的培养与训练,在日常生活和学习中,应多与他们开展竞赛类的活动,强化他们的时间效率观念。多鼓励他们参与社会实践活动,以激发其热情和积极性。

（4）抑郁质。对于抑郁质的孩子应多加强其自信心和勇敢性、乐观主义教育，在日常生活中，要多发现其优点和成功之处并马上给予表扬。家长应多带孩子参与各种各样的社交活动，并鼓励他们独自承担某项家庭事务，来锻炼其坚强的意志品质。

与幼儿初次见面可以进行的"破冰"游戏——关于"我"的盒子：把自己的名字、从小到大的照片、喜欢吃的水果、爱玩的玩具等装到一个盒子里，跟幼儿进行分享，引起幼儿对你的好奇和兴趣，从而使幼儿了解你、亲近你。

二、与管理者和同事的沟通要点

初次见面，应表现得谦虚、有礼貌，可以通过一些问题，了解幼儿园的具体情况：

- 您对我的实习有什么建议吗？
- 您希望从实习教师身上看到什么？您对实习教师有什么期待？
- 您是在哪里完成实习的？您的经历是什么？
- 您能告诉我您班里儿童的情况吗？
- 有没有家长手册对诸如儿童的出勤、生病、日常指导以及父母的责任这些规定做出描述，以便我阅读？
- 有没有我能够借鉴的课程？
- 在学校有没有被鉴定为有特殊需要的儿童？
- 在我开始教学实习之前，我应该知道哪些关于学校日常运转的成文的或非成文的规定？是否有儿童和教师的着装规定？对于打印机、教师休息室以及电话的使用是否有规定？
- 学校的职位晋升阶梯或者等级制度是什么？

三、与家长的沟通技巧

主动向家长介绍自己的实习时间、具体岗位以及负责的工作内容；也可以介绍你的学校和你所取得的行业相关的证书、你之前从事的相关的教学或者志愿者经历、你的兴趣爱好和联系方式等。让家长了解你，并且对你产生信任感。

思考 与练习

1.假如你要去幼儿园跟岗实习，今天是你与所实习幼儿园的园长第一次见面，你会怎样做？

_____

_____

_____

2.假如你们班一名幼儿有尿床的问题,你会如何处理?

_____

_____

_____

▶ 任务三　自我心理建设

学习目标

了解在实习过程中可能会遇到的各种问题,如人际交往困难、沟通障碍等,培养解决问题的能力。

任务描述

通过分析实习过程中遇到的问题,找到相对应的解决方法,培养分析问题、解决问题的能力。

知识准备

一、你可能会遇到的问题

1.健康问题

当你从学生的角色转换到实习教师的角色时,你可能会感到不适应,比如如果没有很好的发音技巧,你的嗓子会变得沙哑等。

2.压力问题

初次接触幼儿和幼儿园工作,你可能会被繁杂琐碎的工作任务困扰,有些你不太擅长的工作,做起来可能变得比想象中困难很多,从而让你变得焦躁不安。

3.时间管理问题

时间管理不仅仅体现在一天内的工作中,还体现在具体的活动组织和实施中,如果对每天的工作时间安排得不合理,会让你的生活变得没有条理;如果活动组织的时间控制得不科学,那你的整个活动设计就会变得没有章法、混乱低效。

4.人际交往问题

如果你在工作中处理不好人际关系,那么你和周围人的相处就会变得异常困难,不和谐的人际关系,会让你对这份工作失去信心。

二、解决办法

1.定期体检

定期体检主要是用来保证身体的健康,提前找到一些隐藏的疾病,减少这些疾病发生的概率。常规的体验项目包括血常规、尿常规、心电图、心脏彩超以及肝肾功能的检查。

2.进行压力管理

持续的压迫感,担心不能按期完成任务或失败,这都是压力的表现。一般人会通过看电视或看电影、饮酒、服药、进食或睡懒觉来逃避压力。压力管理就是消除或减少压力的过程。可以通过三步走的压力管理方法来更好地控制压力:①界定压力来源;②确定原因与结果;③消除或减少压力。

3.进行时间管理

时间管理是指通过事先规划和运用一定的技巧、方法与工具实现对时间的灵活以及有效运用,从而实现个人或组织的既定目标的过程。时间管理的具体方法:①将一天从早到晚要做的事情进行罗列。②将要做的事情根据重要程度排列先后顺序。根据事情的重要性来分配时间。③时间安排要具有灵活性。④遵循你的生物钟,如你办事效率最佳的时间是什么时候,将优先办的事情放在最佳时间里。

4.学习人际交往技巧

若有机会参加跨学科团队会议,要学会融入、依靠团队,而不是把自己和团队孤立起来,你将看到团队成员为了找到解决方案如何分享信息、化解观点冲突、迸发创意。在人际交往中我们要做到:①学会倾听并恰当给予反馈;②学会真诚地赞美别人;③学会关心帮助他人;④保持微笑和愉快的心情等。

思考与练习

试着列举你认为在实习当中可能会遇到的问题,然后找到解决的办法。

_____

_____

_____

_____

模块二

幼儿园认知实习

项目三　认知实习保育实训

通过对幼儿园室内环境与室外环境的细致观察,认识幼儿园整体布局、功能区域、设施设备,快速熟悉环境、融入环境。前一个任务为前导,后一个任务为扩充。

任务一　幼儿园环境的认知;

任务二　幼儿园教师岗位职责。

▶ 任务一　幼儿园环境的认知

幼儿园环境是幼儿园教育赖以进行的一切条件的总和。幼儿园环境是重要的教育资源。回忆自己儿时的幼儿园,在脑海中勾勒一幅幼儿园环境的缩略图,包括教学区、活动区、功能区、生活区、办公区等,在环境认知实习中学会观察、记录。

学习目标

熟悉幼儿园整体环境,充分了解园所不同区域所承担的功能。

任务分析

在幼儿园里,孩子们接受启蒙教育。人们在 1~4 岁将学会人生中 50% 的获得新知识的方法,5~8 岁将学到 30%,从 8 岁以后学到的是剩下的 20%。因此,幼儿园环境的好坏对幼儿的健康成长有着很重要的影响,实习生进入幼儿园开展认知实习的第一步必须要对幼儿园的环境有充分的认知和了解。

任务准备

(1)通过网络视频、图片等资源对幼儿园环境进行初步了解,对园所各个区域的设计、使用功能等有基本的认识。

(2)准备纸、笔,随时记录。

（3）熟悉幼儿园活动室的设计要求。

任务描述

幼儿园的空间、设施、活动材料和常规要求等应有利于引发、支持幼儿与周围环境之间积极的相互作用。学生在实习指导老师的带领下参观园所整体环境，记录每个区域设施数量、设施功能。

知识准备

意大利著名教育家蒙台梭利认为："教育的基本任务是让幼儿在适宜的环境中得到自然的发展，教师的职责在于为幼儿提供适宜的环境。"我国近现代儿童教育家陈鹤琴则提出幼儿园环境是"幼儿所接触的，能给他以刺激的一切物质"。根据教育生态学的观点，幼儿园环境是指幼儿本身以外的，影响幼儿发展或者受幼儿发展所影响的幼儿园中的一切外部条件和事件。

幼儿园环境有广义和狭义之分。广义的幼儿园环境，是指幼儿园教育赖以进行的一切条件的总和，它包括幼儿园内部小环境，又包括园外的家庭、社会、自然、文化等大环境。狭义的幼儿园环境就是指幼儿园的内部环境，包括物质环境和精神环境。总的来说，幼儿园环境就是指教育者根据教育目标，着眼于幼儿身心全面、和谐、健康发展的需要，在幼儿园内外精心创设的"适宜"的教育条件。

幼儿园环境按照不同的维度，有不同的分类。从幼儿活动的形式来看，可分为语言环境、运动环境、劳动环境和游戏环境。从幼儿在园一日活动的主要类型来看，可分为生活活动环境、游戏活动环境和学习活动环境。从构成内容的特质性差异来看，可分为物质环境和精神环境，物质环境又称为显性环境，精神环境也称为隐性环境。

从范围来看，幼儿园环境包括整个幼儿园环境（宏观）、整个活动室环境（中观）、各活动区角环境（微观），如常规区域（建筑区、表演区、美工区、自然角等）、特色区域、主题区域（恐龙"博物馆"、汽车"工厂"、人体"探密室"等）。

从空间来看，幼儿园环境可以分为户外环境和室内环境。户外环境包括自然生态环境、活动区、大型玩具及其他体育器械区、园艺区、种植区、饲养角等；室内环境包括园舍的内部建筑设计、空间规划、墙饰、设备、活动区的材料与布置等。

请根据实际观察完成幼儿园环境认知实习记录表（表3-1）。

表 3-1 幼儿园环境认知实习记录表

区域划分		区域名称	区域功能	区域数量
室内区域	教室内			
	教室外			
室外区域	活动区			
	非活动区			

任务 评价

学生自评：

_____

_____

_____

授课教师评价：

_____

_____

_____

实训教师评价：

_____

_____

_____

知识延伸

幼儿园室内设计要求

一、地面

由于幼儿是在地面上开展活动的,因而地面的科学合理性及艺术性就显得尤为重要。地面要保暖、耐磨、耐腐蚀、防静电、隔声、吸声,同时还要满足幼儿的审美要求,使楼地面与整体空间融为一体。另外,防滑、防潮、防水、易清洁、具有弹性等方面也要符合幼儿园的地面标准。不同地区、不同楼层的要求又各有侧重。南方气候温和、潮湿,要重在防滑、防潮,特别是建筑的底层地面,除了要对地面以下进行防潮处理外,地面也要选用防滑地砖或塑胶地板。寒冷的地区,可选用封腊的木地板,二三层可铺地毯,这样既有弹性又保暖,同时地面铺设要平整,避免出现台阶或凹凸不平而引发安全事故。

二、墙面

墙面装饰能起到保护墙体、延长使用寿命的作用,也能使室内空间美观、整洁、舒适、富有情趣,并能营造出具有儿童特点的文化艺术氛围。因而,墙面是最能展现幼儿园特点和幼儿表现自我,以及获取知识、提高审美能力的地方。

墙的表面要平整,转角的地方不能尖锐,要转成圆角,避免幼儿撞伤。墙面的装饰处理,可以采用瓷片、易清洗的墙纸和各种涂料。不论用什么材料来装饰墙面,都要求符合上级或有关部门制定的标准,不能使用有毒、有放射线和释放有害气体的材料。可以在墙上挂一些可供幼儿写或画的小黑板,便于幼儿表现自我、抒发内心感受。装饰墙面的材料颜色要淡雅、明快,要考虑环境的功能性以及采光情况。可用贴或刷的方法,装饰出大块的抽象图案。材料整体色彩既要注意统一,又要强调变化,体现幼儿园特点。

三、顶面

顶面的装修应视幼儿园的经济情况和空间的高低而定。幼儿园室内高度一般以 $3.2 \sim 4$ m 为宜。太低会令幼儿产生压抑、紧张感;过高则会缺乏温馨、亲切的氛围。因此,楼层的高低宜在建筑设计时给予充分考虑。目前部分幼儿园的室内空间不符合标准,如果是过高的空间,可考虑顶面装修或悬吊一些装饰物,以降低其空间,改变视觉上的空旷感。顶面的表层不能太光滑,这样有利于增强吸声效果,避免产生眩光。如果教室在顶层,还要考虑隔热情况。顶面装修要使用隔热、阻燃和防火性能好的材料,如石膏板、铁龙骨等。电线要放入阻燃管内,避免因电路故障而引发火灾。

四、门

门的设计要注意合理性,不能用坚硬的材料制作,不能出现尖锐的棱角。门表面宜平整、光洁,不宜使用铁或玻璃制作。因铁艺门多缝隙,铁条坚硬,玻璃遭碰撞易碎,会导致安全事故。宜采用木制门,门扇宜向外开。在门适当的地方装上方便幼儿开门、关门的拉手。门的尺寸可适当缩小些,高度可控制在1.95~2 m。门洞周围可制作简单装饰。门扇、门洞的形状都可以打破传统。偏上方可以用曲线造型,产生活跃变化之感。造型可以是动物、植物。色彩可与窗相同,以浅色为主,可以单色平涂或多色组合构成,也可以粉刷成各种符合幼儿特点的图案。每个功能室,特别是供大型活动的场所,宜开设两个或两个以上的门。

五、窗

窗是供室内通风、采光之用。窗少或面积太小都将对环境产生不良影响,对幼儿身心健康不利。合理的窗面积应是室内面积的1/3~1/2,这样才能保证通风、采光。面朝南的窗户应尽量开大,这样在炎热的夏季,吹入室内的风能多一点,也有利于室内采光。朝北的窗户宜开小,避免冬季寒风吹入。同时要考虑窗户的安全性。窗户离地面不宜低于0.8 m,窗玻璃尽量使用塑胶透明玻璃或钢化玻璃,窗扇应朝外开。窗户以下部分1/3的地方要装上栏杆,避免幼儿翻爬发生意外。

六、电路、开关、插座

室内电路、开关、插座主要考虑安全性和实用性。电路尽量暗铺设,但一定要先装入韧度强的塑料管内,避免漏电造成事故。开关、插座宜安装在高于地面1.5 m的地方,使幼儿不易触及。如果需要在距离地面较近的地方安设插座,则应安装密封型的电源插座。

七、空调、电扇、排气扇、暖气设备、饮水设施

冷暖、环保型空调适合不同地域的幼儿园。特别是炎热时间长、潮湿、雨水多的地方,可在各功能室内安置空调。一是可以调节气温、解暑、祛寒;二是可以循环室内空气。经济情况不允许但又地处炎热地带的幼儿园可使用电风扇、排气扇。寒冷时间长的地区还要安装暖气设备,以便取暖。所有这些设备都应安装在幼儿难以触摸到的安全地方。幼儿的饮水设施应设置在醒目、方便之处,采用开放式的结构为幼儿服务,但要注意防烫、防漏、防污染。

八、音响、电话

幼儿园要建立全园统一的音响线路,以确保有高质量、旋律优美、高雅的轻音乐或儿歌供幼儿欣赏,让幼儿轻松、欢快地在幼儿园度过每一天。同时还应设置统一的电话线路,方便幼儿教师工作上的联系、沟通,便于及时解决问题。

▶ 任务二　幼儿园教师岗位职责

学习目标

在幼儿园里,每一个岗位上的教职员工都应该了解本岗位的工作细则,只有先清楚地了解自己的岗位职责,才能更好、更明确地做好工作。

任务描述

了解园所不同岗位的职责和要求,深入探寻某一岗位(如保育员、配班老师等)具体的工作职责,以采访的方式形成问答记录。

任务准备

查阅资料,了解幼儿园岗位设置及岗位职责。

知识准备

一、幼儿园园长岗位职责

(1)园长负责幼儿园的全面管理,主持全园工作。

(2)认真学习党的教育方针和国家的相关法律法规、政策,全面贯彻《幼儿园工作条例》和《幼儿园工作规程》。主持制订全园工作计划和各项规章制度,确立分级管理目标,建立结构合理、协调灵活、反馈及时的科学管理机制。定期召开园务会,深入第一线检查各项工作实施情况。

(3)负责全园教职工的聘任,调整园内工作人员结构,定期对保教工作人员进行考核并做出正确评估。

(4)全面了解教育、教研、卫生保健及膳食管理情况,并根据实际情况及时调整,尽量减少工作中的失误。充分发挥党团组织、工会及教代会的作用,发扬民主,尊重人格,加强"和谐、团结、向上"的园风建设。

(5)全面掌握教职员工的思想动态,开展经常性的政治和业务学习,提高修养。关心教职工的生活,改善生存环境,维护合法权益,增强向心力,提高凝聚力。

(6)定期召开家长会,展示教育成果,听取家长意见,提高办园质量。

(7)及时了解国内外幼儿教育动态,研究幼儿教育新成果,关注幼儿教育发展的新动向。

(8)完成党政领导交办的其他工作。

二、幼儿园主任(教研组长)岗位职责

(1)协助园长认真贯彻、落实、执行园务工作计划,明确培养目标及管理目标。面向全体幼儿,全面提高幼儿素质。重点抓好幼儿教育、教学、保育工作。加强教育科学研究,不断提高保教、保育质量。

(2)协助园长做好幼儿园保教、保育工作。熟悉幼儿各年龄阶段生理和心理特点,熟悉幼儿各年龄段教学内容及要求,定期检查教师教案及听课、教研等各种学习笔记,定期测查幼儿教学

效果以及各班教师、保育员对幼儿护理工作及执行一日生活常规的情况,每周定期检查各班执行卫生制度、卫生保健制度情况,并做好记录。

(3)协助园长组织教师、保育员业务学习,提高教师、保育员的业务能力。指导教师进行幼教改革与科研工作。贯彻保教结合方针,指导保育员及教师紧密配合教育工作,并经常检查督促,落实岗位责任制。

(4)协助园长搞好职工队伍建设,做好职工政治思想工作,关心群众生活,倾听群众意见。

(5)协助园长指导和审查各班学期、教研、保育工作计划,坚持入班听课。

(6)协助园长整理教师业务档案、教育资料及保育工作文书档案。

(7)协助园长组织幼儿园内的各项活动。

(8)协助园长做好全园园舍设备、环境卫生及园内物品的管理。及时增添教学设备、用品,经常进行安全检查。

(9)协助园长做好安全防卫、防火、防毒工作,发现不安全因素及时采取措施。

(10)协助园长制订幼儿园工作计划,并进行工作总结。

三、幼儿园班主任工作职责

(1)树立正确的儿童观、教育观,热爱幼儿、尊重幼儿,对幼儿做到关心、细心、耐心,不偏爱,坚持正面教育,耐心细致地作幼儿的思想工作,教师要在各方面为幼儿作出表率,禁止任何形式的体罚或变相体罚,自觉执行幼儿教师职业道德规范,遵守各项规章制度。

(2)教书育人,为人师表,仪表整洁大方,语言文明,举止端庄,态度和蔼,动作轻柔;不戴耳环,不穿奇装异服,不在教室里化妆和饮食。

(3)努力学习幼教专业理论,钻研教材,研究教法;积极参加教育研究和各种业务进修学习(课题、教研活动等);注重研究、探索过程;做到有分析、有目标、有实施方案、有记录、有总结,不断提高自身的业务素质。

(4)认真贯彻执行《幼儿园工作规程》和幼儿园培养目标,结合教研组计划及本班幼儿特点和个体差异及时制订好班主任计划,各种教育教学工作计划,并认真实施、调整,有计划、有步骤地开展班级教育教学工作。做好各项活动的记录,并定期进行工作总结,积累经验,找出差距,研究改进,不断提高教育质量。每周至少有一次活动或反思记录,学期末进行总结。

(5)按教学计划,认真备课,认真书写教案,认真上好每节课。自制教具、玩具,不断改进教法,努力提高教学质量。

(6)科学、合理地安排幼儿一日活动,引导幼儿主动学习,寓教育于游戏中。因材施教促使幼儿的和谐、健康发展。

(7)每周定期参加集体教研、备课和专题班主任会议,总结安排班级周工作及各项班级活动,并及时记录。

(8)进班前必须做好一切准备工作,带班时做到"人到、心到、手到",集中精力,尽心尽责,严格执行幼儿园一日作息制度,确保各项活动顺利开展并及时关注幼儿的健康和安全。不随便离开班级,密切关注幼儿的活动及需求,及时提供适当的辅导。不允许私自串课。带班时发生事故立即汇报,及时采取措施。若教师离开班级而发生事故,以失职论处。

(9)做好交接班工作。接班教师未进班不能离开幼儿,幼儿离园一定要将幼儿交给保育老师才能离开,每日做好交接记录。

(10)认真执行幼儿园各项教育常规及幼儿园安全卫生保健制度,保教结合,对教育行为与过程及时进行反思、调整,不断提高工作质量。

(11)负责对本班幼儿进行思想品德和日常良好行为习惯的培养。加强幼儿的卫生教育,培养幼儿良好的卫生习惯。加强幼儿的纪律教育,教育幼儿遵守课堂、课间、户外活动纪律,组织好课间操活动。

(12)配合和帮助指导其他教师做好本班日常工作,发挥团结协作精神,打造阳光团队。

(13)安全教育要常抓不懈,积极处理班级幼儿的偶发事件。做好晨午检和午餐工作,杜绝责任事故的发生。

(14)根据教育需要,及时创设良好、适宜的环境。班级的环境布置,做到美观、实用、有教育意义。做好班级财产物品登记、保管清理等工作,做好教室内的卫生清洁工作。

(15)做好家长工作,平时要加强与家长联系,做好家访工作(每学期每个幼儿至少一次,并做好记录)。了解幼儿家庭教育情况,和家长商议符合幼儿特点的教育措施,共同配合完成教育工作。幼儿缺席三天教师要进行家访,主动和家长配合,共同教养好幼儿。

(16)积极开展特色教育活动,组织好园区及班级各类大活动,做到有方案、重实施、好反思。

(17)建立幼儿档案,做好每月的各项收费工作,并按时结账。

(18)积极完成幼儿园、学校分配的各项任务,创造性地开展工作。

(19)关心幼儿园发展,及时为幼儿园各项工作提出合理建议。

四、幼儿园教师岗位职责

(1)严格遵守学校、幼儿园的各项规章制度。

(2)全面负责幼儿的教育教学工作,每学期结合幼儿实际制订好教育教学工作计划。

(3)贯彻保教结合的原则,注意培养幼儿良好的生活卫生习惯,使幼儿身心愉快,情绪稳定。

(4)对幼儿态度要和蔼可亲,细心观察幼儿,有计划、有目的地制订、选择教育教学内容,运用多种教育形式,促进幼儿在不同水平上获得发展。

(5)努力钻研业务,积极参加教研科研、业务学习以及教育教学的各项活动,认真开展各类游戏活动,制作教学玩具并创设教育环境。按时上课、下课,认真书写教案、教研活动、听课等各种笔记,学期末上交一份教育教学工作经验总结或论文。

(6)协助班主任做好晨检、午检、午餐工作。

(7)发现幼儿问题要及时与班主任、保育员配合,及时告知家长。

(8)注意幼儿安全,加强幼儿自我保护意识教育。每节课与班主任做好交接工作。

五、幼儿园保育员岗位职责

(1)负责按照规定进行指定范围内的卫生清洁和卫生保持工作,包括但不限于教室、设备、户外活动场所、玩具等物品的卫生清理。

(2)负责对幼儿的餐饮用具、洗刷用品等做好消毒工作,做好幼儿的健康防护。

(3)负责实施和落实机构的安全、卫生保健制度,冬季防寒、夏季避暑,对幼儿的寝具、玩具做到定期清洗、晾晒、消杀,保证幼儿接触物品的洁净和卫生。

(4)负责保管幼儿的衣物、鞋子,管理好自己负责班级的设备和物品,防止丢失和损坏。

(5)负责监督和执行幼儿的正常作息时间表,引导幼儿正常作息。

(6)配合老师进行各种活动的组办工作,帮助老师进行备课及上课所需物品的准备。

(7)负责其他的常规性工作和安排。

六、幼儿园保健医生岗位职责

(1)负责全园幼儿及职工的保健卫生工作,贯彻"预防为主、治疗为辅"的方针。每学期制订保健、卫生工作计划,了解新入园幼儿的体检情况,定期做好驱虫,矫正和治疗眼病,防治龋齿等工作。

(2)全面了解幼儿生长发育情况,定期向家长汇报。

(3)负责每天晨检,做到一看、二摸、三问、四检查,并监督指导教师做好午检和晚检工作。对患病幼儿及时做好妥善处理,指导体弱幼儿的护理工作。如发现传染病,应指导保育员做好消毒工作并及时报告防疫部门,采取有效措施防止病毒蔓延。每月公布一次幼儿发病率,找出发病率升降原因,及时总结经验教训,提出改进措施。

(4)指导厨房人员搞好饮食卫生,检查饮食用具并消毒,指导各班做好防暑降温和防寒保暖工作;定时检查各班体育锻炼及户外活动情况;了解幼儿的睡眠情况,发现问题及时提出改进意见和建议。

(5)负责保管医务室一切物品、用具、药物,做好卫生知识宣传、环境卫生、饮食卫生和灭蚊蝇工作。协助后勤园长检查、评比、落实各项卫生保健工作,按时送报表。

(6)负责常备药物的购买,每天按时送药到班,并照顾病儿按时服药。

(7)了解幼儿心理健康情况,对有不良习惯及心理障碍的幼儿,与班上的教师配合商讨矫正办法,并定期进行监测。

(8)认真钻研卫生保健业务,学习相关规程,以进一步了解并掌握幼儿教育工作特点。

（9）定期对保教人员进行有关"幼儿常见病"的知识讲授，定期在"家长园地"专栏中介绍有关育儿知识及保健卫生知识。

七、幼儿园保管员岗位职责

（1）对所保管用品做到心中有数，账物相符。

（2）物品合理保管，保持卫生、整洁，不损坏。

（3）出入库登记清楚，手续完备，避免财产丢失。

（4）每学期期末清查账物，制出清单，向分管领导汇报。

（5）每月定期检查一次大型玩具、场地设备、房舍家具等情况，发现问题及时维修、更换。

八、幼儿园门卫岗位职责

（1）门卫必须坚守岗位，按时开关大门。

（2）幼儿出入园门要有大人陪伴，防止幼儿独自跑出幼儿园。

（3）非本园人员不能随意出入幼儿园，陌生人出入要询问，因公来访登记方可入园。

（4）携带包裹、行李及其他贵重物品，必须由有关负责人开出证明，门卫进行核对后方可带出。

（5）做好幼儿园院内的环境卫生及绿化工作，保持美观整洁。

（6）发现各处设施有脏乱现象或不安全现象要及时报告，及时采取相关措施。

任务实施

观察并了解园所教师岗位设置情况，完成表 3-2。

表 3-2　幼儿园岗位设置表

岗位分类	岗位名称	主要职责	人数
行政岗位			
教学岗位			
后勤岗位			

任务拓展

1.结合实习园所的实际情况,在线框中根据表 3 - 2 完成实习幼儿园的组织架构图。

姓名:＿＿＿＿＿＿＿＿　岗位:＿＿＿＿＿＿＿＿

2.采访幼儿园的教职工,以提问的形式完成采访记录。

采访问题一:＿＿＿＿＿＿＿＿＿＿＿＿＿＿＿＿＿＿＿＿＿＿＿＿＿＿＿＿＿＿＿＿＿

＿＿

＿＿

　答:＿＿＿＿＿＿＿＿＿＿＿＿＿＿＿＿＿＿＿＿＿＿＿＿＿＿＿＿＿＿＿＿＿＿＿＿＿

＿＿

＿＿

采访问题二:＿＿＿＿＿＿＿＿＿＿＿＿＿＿＿＿＿＿＿＿＿＿＿＿＿＿＿＿＿＿＿＿＿

＿＿

　答:＿＿＿＿＿＿＿＿＿＿＿＿＿＿＿＿＿＿＿＿＿＿＿＿＿＿＿＿＿＿＿＿＿＿＿＿＿

＿＿

采访问题三:＿＿＿＿＿＿＿＿＿＿＿＿＿＿＿＿＿＿＿＿＿＿＿＿＿＿＿＿＿＿＿＿＿

＿＿

　答:＿＿＿＿＿＿＿＿＿＿＿＿＿＿＿＿＿＿＿＿＿＿＿＿＿＿＿＿＿＿＿＿＿＿＿＿＿

＿＿

任务 评价

学生自评：

_____

_____

授课教师评价：

_____

_____

实训教师评价：

_____

_____

_____

任务 总结

请依据幼儿教师职业道德准则对本任务进行总结。

_____

_____

_____

项目四 认知实习教育教学活动实训

▶ 任务一 幼儿园常规教育教学内容

学习目标

初步了解并掌握幼儿园常规教育教学的具体内容。

任务描述

根据幼儿园各年龄班教育工作要求和计划,在实习指导教师的引导下,熟悉和掌握幼儿园教育工作的特点、内容。

任务准备

全面了解和熟悉幼儿园教育工作,增强对幼儿园工作的适应性。初步接触并能独立设计、组织幼儿园的各项活动。

知识准备

一、幼儿园常规培养的内容及作用

常规就是需要经常遵守的规则和规定。一部分人认为常规是幼儿在幼儿园一日生活的各种活动中应该遵守的基本行为规范。而有的人则将"常规"视为规定,但其中蕴含的具体内容都包括了规则意识和遵守规矩。

1.常规培养的三大内容

(1)遵守各种活动开展的顺序和休息的时间的规定;

(2)遵守一日生活各环节具体制度的规定;

(3)遵守幼儿的一般行为规范的规定。

2.常规培养的作用

(1)帮助幼儿适应幼儿园环境；

(2)帮助幼儿学习在集体中生活；

(3)维持班级活动的秩序。

二、识岗入园

实习教师进行识岗入园观摩的内容和目的如表4-1所示。

表4-1 识岗入园观察的内容和目的

识岗入园观摩内容	识岗入园观摩目的
一日生活的主要活动内容观摩	综合运用所学知识,对幼儿园活动流程、活动设计与组织进行整体性分析和思考
保育工作观摩	结合幼儿卫生学相关理论知识,了解保教工作的内容
教育活动观摩	建立理论与实践之间的联系,积攒感性经验
幼儿园环境观摩	通过幼儿园环境创设、心理学、教育学等课程的学习,进一步理解环境与幼儿发展之间的关系
幼儿园人员结构观摩	了解管理人员、幼儿教师、保育员、保健医生、营养师、厨师、保安等岗位的职责
游戏活动观摩	结合幼儿园游戏活动课程,理解游戏对幼儿发展的重要意义

思考与练习

幼儿园常规教育教学内容的制订依据是什么？

_____

_____

_____

_____

▶任务二　幼儿园常规教育的要求

学习目标

了解幼儿园常规教育的要求,为实习打下良好基础。

任务描述

通过幼儿园常规的学习,能进一步了解幼儿园教育岗位职责。

任务分析

通过了解幼儿园常规的具体要求,培养良好的职业素养。

知识准备

在幼儿园里,一个班的常规好不好,直接关系到幼儿的成长和教师组织一日活动的质量。如果常规没有建立好,幼儿将无法形成良好的习惯,同时也会影响活动的质量。所以,常规培养是教育过程中不可忽视的一部分。

一、幼儿入园、离园中的常规教育

常规教育对于保证幼儿健康,使幼儿学会适应生活并具备初步独立生活能力,形成良好的行为习惯,起着十分重要的作用,首先应在幼儿入园、离园中对幼儿进行教育。

1.入园的礼貌用语常规训练及教育

礼貌用语的常规教育及训练,是培养幼儿团结友爱、懂礼貌、讲文明、守纪律等良好的品德与行为习惯的一个重要环节,同时也是培养幼儿口头语言表达的一个有利机会。如每天早晨幼儿入园,先问:老师早!老师微笑回答:××小朋友早!从这简单的一问一答中,既培养了师生之间的情感,又训练了幼儿的语言表达能力。

2.晨间活动的常规训练和要求

晨间活动包括晨间谈话、晨间锻炼和活动。晨间谈话是老师和幼儿情感交流的好机会,这项工作做好了,幼儿在一天中将会按教师的嘱咐、提示和要求去行动与表现。

晨间活动时,可以让幼儿自由选择玩具,幼儿在自由活动中充分发展自己的想象力、创造力。也可以组织幼儿集体活动,在集体活动中培养幼儿的合作能力。

晨间体育活动是有组织、有计划的活动。教师要结合幼儿的实际情况,制订计划、组织实施,使幼儿的能力得到全方位的发展。如果说晨间自由活动使幼儿的个性得到发展,那么晨间体育活动则对幼儿的身体素质大有益处。

3.幼儿离园的常规教育与要求

离园教育起着承上启下的作用。在幼儿园时,幼儿是在教师的引导下,有组织、有计划地学习、游戏。如果离园前教师不认真总结幼儿在园一天的情况,不给幼儿布置任务,就会影响第二天的各项学习、游戏活动。因此,争取家长配合很重要。

(1)重视家园联系:教师应经常同家长联系,维系幼儿园与家长的关系,并通过板报向家长宣传育儿知识,共同担负教育幼儿的责任。

(2)树立榜样:教师要认真总结幼儿一天的学习、游戏情况,表扬表现好的幼儿,号召大家向其学习,提出希望。

(3)提出任务:教师在幼儿离园时应布置相应的任务,如小朋友回到家中,要把自己在幼儿园学到的知识讲给爸爸妈妈听,要做一个勤劳的孩子,帮助爸爸妈妈做一些力所能及的事情。

(4)讲述分享:请幼儿讲述自己在家里做了哪些事情,把听到、看到的事情讲给其他小朋友和老师听,这样,既培养了幼儿的一贯性,又培养了幼儿自己做事的能力。

如果说入园、晨间活动是幼儿在园一天活动的开始,那么离园总结则是幼儿在园一天活动的延续。每一名教育工作者必须坚持教育的一贯性、一致性和灵活性,从实际出发,建立必要的、合理的常规教育制度,培养幼儿良好的生活习惯。

二、学习活动中的常规培养

对于幼儿来说,他们年龄小、可塑性大,但自制力差,因此,需要根据儿童的认知习惯来进行学习活动中常规的培养。

1.坐姿常规的培养

坐姿常规是最基本的常规。无论是画画、活动、音乐、语言或故事等都涉及这一常规的培养。

首先,可以通过课程的内容及要求来培养,如儿歌"我是好宝宝"形象有趣,边念边做,易被中小班幼儿接受。儿歌"学好样",使幼儿懂得坐着要学大白鹅,挺起胸膛真神气。以儿歌的形式激励孩子养成良好的坐姿习惯,既生动形象,又具有教育意义。

其次,可以通过竞赛的形式,比比谁坐得端正。对表现好的小朋友进行表扬或奖励;对表现差的孩子提出希望,从而进行强化。

最后,发挥榜样的作用。两位教师要密切配合,要求小朋友做到的,教师一定要做到,教师在日常生活中要时刻注意自己的言行举止,使孩子在日常生活中得到潜移默化的熏陶。

2.操作活动中常规的培养

一般来说,在每次活动前,要先提要求,让孩子明确怎么做,然后在做的过程中,发现好的例子及时在班内表扬,如一敲铃或一拍手就让幼儿坐好,发现××小朋友坐得非常快,当即就请其他小朋友为他鼓掌,这样在全班树立好的榜样,大家就会跟着榜样走。折纸、画画等美工活动是常见的操作活动,它的常规包括事先不能动学具和纸,安静作画,坐姿端正,有秩序地整理用完的工具等。

3.搬桌椅常规的培养

教师可以通过讲故事的方式,让幼儿懂得爱惜桌椅的道理;也可以通过儿歌来引导幼儿爱护自己的桌椅;另外可以通过示范、练习、评比的手段来加以巩固,对一些不细心的孩子,重点介绍示范、练习、评比的过程,如发现幼儿进步,应马上表扬,以强化他的行为。

学习活动中的课前准备也有许多常规,如分发学具,排好桌椅、队形等,无论是何种常规的培养,都要求教师耐心、细心,注意方式方法。

三、区域活动常规的建立

分区活动是幼儿在教师创设的环境中学习,是幼儿自主的活动,这种活动动多于静,建立合理的活动常规显得尤为重要。建立良好的区域活动常规需要做到以下几点。

1.根据幼儿年龄特点制定常规要求

由于区域活动是以幼儿自主活动为主,而幼儿年龄小、好动且各方面能力有限,如没有切实可行的活动常规来约束,活动肯定是没有成效的,且对幼儿的身心健康也是不利的。就拿美术区活动来说,这是幼儿最喜欢的一个区,每次活动时会有许多幼儿涌进这个区,使得活动根本无法开展,这时需要进行人数的限制,这是保证区域活动顺利进行的前提。

2.将活动的常规要求落到实处

制定了相应的区域活动常规,如不进行贯彻落实,那么常规的建立就是纸上谈兵。推荐的做法是利用来园、离园、谈话活动等时间对幼儿进行区域活动常规教育,使他们理解区域活动常规的意义,督促幼儿自觉执行。活动讲评时,不单单讲幼儿的操作技能和任务的完成情况,把幼儿执行常规的情况也作为一个重要组成部分进行评讲。表扬遵守规则的幼儿,请他们做老师的小助手,帮助老师一起管理好区域活动。

3.在活动实践中逐步完善区域常规

各种活动的常规不是一成不变的,它随着活动的不断深入而适当地调整并加以完善。还是以美术区活动为例,开始制定的常规只限制了每个区活动的人数,结果在活动过程中又发现幼儿活动时常常会出现争抢材料、不注意公共卫生、纸屑满天飞、蜡笔满地滚等现象,对此,可以制定取放材料及卫生常规要求,如取材料时要排队,一个跟着一个,同时还要看清放材料的标记,以便活动结束时进行整理归放等,这样在活动中发现新的问题,及时补充新的规则内容,逐步完善区域常规。

任务拓展

幼儿园常规训练的口令

1. 课前纪律口令

(1)一二三坐坐好,三二一请安静。

(2)我们都是机器人,一不许动,二不许笑,三不许露出大门牙。

(3)师:小嘴巴;幼:不说话。

(4)师:请把小手放背后;幼:我把小手放背后。

(5)师:请坐好;幼:我坐好。

2. 排队口令

师:小小手;幼:摆摆动。

师:小小脚;幼:踏起来。

师:小胸脯;幼:挺起来。

(师和幼)一二一,一二一……

3. 拍手口令

师:请你跟我这样做(拍手);

幼:我就跟你这样做(拍手)。

师:请你跟我这样做(跺脚);

幼:我就跟你这样做(跺脚)。

教师可随意变换动作,此游戏带有很强的随意性、灵活性。

4. 集中注意力口令

小眼睛看老师;

小耳朵听好了。

伸出你的小手上拍拍;

伸出你的小手下拍拍;

向前伸出小手转一转。

小手放呀放放好!

模块三

幼儿园跟岗实习

项目五

幼儿园跟岗实习保育内容

幼儿园跟岗实习概述

幼儿园是对幼儿进行保育和教育的社会机构。为了培养合格的幼儿教师,按照人才培养方案跟岗实习计划,安排学生在第四学期进行为期四周的幼儿园跟岗实习。每位同学都应该认真地完成各项实习任务。

学前教育专业幼儿园跟岗实习的计划及实习目的如下。

(1)初步了解幼儿园保育工作的内容、形式、方法。加强对幼儿教育工作意义的认识,接触幼儿、了解幼儿,培养热爱幼儿、热爱幼儿教育工作的感情。

(2)明确保育员工作的意义、内容和职责。了解幼儿教师(或保育员)在对幼儿进行保育的过程中的重要作用。学习护理和组织幼儿日常生活的技能,增强保育观念。

(3)结合幼儿卫生学的知识,了解幼儿的生理特点,了解幼儿园各项活动中的卫生要求和各项卫生保健工作的内容与实施情况。

(4)学习幼儿园优秀教师、保育员的工作经验。

结合本地区、本专业特点安排学生跟岗实习。

工作 任务书

学生在该项目中需要完成四项任务,结合跟岗实习四个教学周时长,每周侧重完成一项任务,各任务互为支撑,全部任务完成后,学生能够独立完成保育工作。

第一周,了解保育员的岗位职责;

第二周,了解幼儿的生理发育特点;

第三周,熟悉清洁消毒工作;

第四周,实施家园共育教育。

▶任务一　保育员岗位职责

幼儿园里有这样一群人,最早为班级开启美好的一天,最早为班级注入新鲜的空气,为宝贝们营造健康、舒适的环境,他们就是孩子们口中的"妈咪"老师——保育员。

当孩子们还在床上甜甜酣睡时,幼儿园里的各个角落正来回穿梭着一个个忙碌的身影,保育老师们已经开始了一天的工作准备。开窗通风是美好一天的开始,等孩子们到来时,正好空气新鲜、温度适宜。

············

太多琐碎繁多的事情构成了保育员的一天,虽然留给我们的大多都是保育员的背影,但就是这群可爱可敬的保育老师,为孩子们的健康成长保驾护航,他们用质朴的爱,用心、细心、尽心地照顾着孩子们。

学习目标

熟悉保育员的工作职责,在点滴工作中,培养职业道德,提升职业素养。

任务描述

协助保育员完成一日工作流程。

任务分析

保育员岗位工作占跟岗实习工作任务的50%以上,任务艰巨且考验耐心,在任务开始前需做好心理建设,完成任务过程中时刻做好心理调节,向本班保育教师请教,争取更多实践的机会。

任务准备

熟悉保育员工作岗位职责,跟随本班保育教师学习保育工作一日流程,在做基础保育工作的过程中了解工作要点及工作要求,能独立处理保育教师指派的各项工作。

知识准备

一、保育员的工作职责

(1)热爱幼儿教育事业,爱护幼儿;努力学习专业知识和技能,提高文化和专业水平;品德良好,为人师表,忠于职责。

(2)负责本班房舍、设备、环境的清洁卫生工作。

(3)在本班教师指导下,管理幼儿生活,并配合本班教师组织教育活动。

(4)在医务人员和本班教师的指导下,严格执行幼儿园安全、卫生保健制度。

(5)妥善保管幼儿的衣物和本班的设备、用具。

(6)根据本班教育教学要求做好配班工作。

二、保育员在幼儿园各项活动中的工作细则

1. 幼儿入园晨间接待

(1)开窗、准备好水。

(2)搞好室内卫生。

(3)调节室温及光线。

(4)准备好擦拭幼儿用桌的消毒水、抹布。

(5)观察幼儿的情绪。

(6)给有需要的幼儿服药。

(7)组织值日生有序、认真地摆放餐具。

(8)对幼儿进行礼貌教育。

(9)主动和幼儿及家长打招呼。

2. 盥洗

(1)协助教师检查幼儿是否按正确的方法洗手。

(2)照顾幼儿使用毛巾擦手,使用护肤油。

(3)洗净幼儿的口杯及毛巾并消毒。

(4)教育幼儿节约用水。

3. 如厕

(1)允许幼儿随时如厕。

(2)协助教师帮助自理能力差的幼儿。

(3)对遗尿及遗屎的幼儿,耐心地为他们更换、清洗衣物。

(4)协助教师培养幼儿大小便的好习惯。

(5)观察幼儿大小便情况,并报告给教师。

4. 进餐

(1)做好开饭的准备工作和饭后的结束工作。

(2)照顾幼儿进餐,根据幼儿的食量,及时为幼儿添加饭菜,让幼儿吃饱、吃好。

(3)掌握好身体不适幼儿及病愈后幼儿的食量。

(4)关照吃饭慢的幼儿。

(5)教幼儿正确使用餐具和保持进餐时的正确姿势。

(6)创设安静、愉快的进餐环境。

(7)协助教师培养幼儿良好的进餐习惯,如不挑食、不浪费粮食、保持桌面和衣服的干净、专心吃饭等。

5.午睡

(1)为幼儿准备好午睡所需要的床铺和被褥。

(2)保持室内空气流通和温度,掌握好开窗和关窗的时间。

(3)协助教师培养幼儿良好的午睡习惯,如睡前上厕所,将脱下的衣物放在固定的地方并叠放整齐,睡眠时要安静,不大声说话,不带玩具上床等。

6.起床

(1)协助教师照顾幼儿起床,并在幼儿离开睡眠室后整理床铺及开窗通风。

(2)根据气候变化为幼儿增减衣服。

(3)协助教师帮助幼儿穿好衣服,鼓励并教会幼儿自己穿衣和叠被。

7.喝水

(1)全天备足温度适宜的饮用水,供幼儿随时饮用。

(2)在日托班每日两次集体饮水时,协助教师照顾幼儿取水及饮水。

8.户外活动

(1)协助教师为幼儿做好场地、运动器具等准备工作。

(2)协助教师为幼儿做好户外活动前的准备工作,比如如厕、增减衣服、整理装束、系好鞋带等。

(3)照顾因身体不适不能参加活动的幼儿。

(4)在户外活动时协助教师照料幼儿。

9.游戏活动

(1)游戏前配合教师准备游戏场地和玩具。

(2)保持游戏环境的安全与卫生。

(3)教师组织集体游戏时,照顾个别幼儿参加游戏活动。

(4)配合教师在游戏中观察幼儿,有针对性地给予帮助和教育。

10.有组织的教育活动

(1)根据不同教育活动的需要,配合教师做好准备工作。

(2)在活动进行中观察幼儿的身体、情绪及参与活动的情况,必要时给予个别照料。

(3)在幼儿进行操作活动时,按教师的要求对幼儿进行帮助和鼓励。

(4)教育活动结束后协助教师整理环境。

11.离园

(1)协助教师检查或帮助幼儿整理衣物。

(2)稳定幼儿的情绪,与教师配合做好交接幼儿的工作,确保幼儿安全。

(3)整理活动室,做好结束工作。

(4)照顾好因家长迟到而有情绪的幼儿。

三、保育员专项操作细则

1.幼儿户外活动时,保育员要注意的事项

(1)适当增减幼儿的衣服,活动前检查幼儿的裤子和鞋带。

(2)检查玩具是否卫生、安全。

(3)控制幼儿的活动密度和负荷量,动静结合。

(4)不随意离开幼儿。

(5)注意户外场地上的安全。

(6)注意着装,不穿大衣、风衣、高跟鞋等组织活动。

(7)负责善后整理和安全防护工作。

2.给幼儿洗手的方法

(1)将幼儿的袖子卷起。

(2)手心、手背、手指缝到手腕关节活动处都要清洗。

(3)先用流水淋湿手心、手背等,再擦香皂。

(4)搓出泡沫再用流水洗干净。

(5)洗完在池内甩三下。

(6)用幼儿自己的毛巾擦干。

3.幼儿大便拉在身上的处理方法

(1)换下幼儿的脏衣服。

(2)用便纸擦干净。

(3)温水冲洗。

注意事项:

(1)盆要专用,用后消毒。

(2)给幼儿洗屁股时,从前往后或用水壶冲洗。

(3)若幼儿皮肤发红,清洗后涂油或涂软膏。

4.进餐时的注意事项

1)餐前准备工作

(1)配置擦桌的消毒液,将餐桌擦干净(桌子应先用清水擦一遍,再用消毒液擦一遍,餐前儿童洗手后等待时间不超过 10 min)。

(2)检查餐巾、餐盘是否消毒。

(3)到食堂拿消好毒的餐具,用布遮好。

(4)进餐 10 min 前再次擦桌(第一遍清水,第二遍消毒液,第三遍清水)。

2)进餐时的管理工作

(1)让吃饭慢的孩子先吃。

(2)指导孩子一口饭一口菜,饭菜全吃完再喝汤。

(3)注意给幼儿添饭、添汤。

(4)鼓励幼儿细嚼慢咽,不催促。

(5)注意汤不能太烫。

(6)保育老师不要大声喧哗,不要讨论菜的好坏。

3)餐后的管理工作

(1)提醒幼儿轻放碗筷和勺子。

(2)提醒幼儿饭后用温水漱口。

(3)安慰吃饭慢的幼儿不要着急。

(4)提醒幼儿用餐巾先擦嘴再擦手。

(5)等全部幼儿吃完后再打扫卫生。

5. 清洗与消毒

(1)毛巾、茶杯、碗勺、餐具、饮具和盛放直接入口食品的容器,使用前必须洗净、消毒,严格执行一洗、二清、三消毒、四保洁制度。

(2)被褥清洗:床单、被套每月清洗一次,枕头套每两周清洗一次。被褥每两周晒一次,每次晒 2~4 h,如遇雨天,用消毒灯照射半小时。

(3)玩具消毒:玩具每周清洗消毒一次,特殊情况每天消毒一次。不宜洗的玩具要暴晒或放消毒柜消毒。

(4)通风通气:日托幼儿园每天早晨开窗通风,冬季开窗 15 min。一般冬季室温不低于 18℃,夏季室温不超过 28℃。使用空调时每天开窗两次,每次 20 min。

(5)房屋消毒:每周消毒一次,特殊情况每天消毒一次。关好门窗用消毒灯消毒 30 min,消毒后开窗,等消毒气味散后再让幼儿进去。也可关闭门窗用消毒液喷雾消毒,1 h 后用清水擦洗窗台、门把手、家具等。消毒时间一般定在幼儿午睡或下午幼儿离园后。

(6)幼儿擦手的毛巾:①要有专用的毛巾架。②两条毛巾间隔 10 cm,上、下、左、右不能叠在一起。③毛巾最好不要贴墙挂,如果空间小必须贴墙挂,毛巾至少与墙间隔10 cm。

(7)保温桶的使用:①每天早上清洗一遍,用消毒液把保温桶周围、盖子、水龙头擦一次。

②每周把保温桶内胆消毒一次(先用肥皂水清洗一遍,再用清水冲洗,然后用消毒液浸泡10 min)。

6.培养指标

(1)幼儿个人卫生习惯培养:①不吃掉在地上的食物,不将玩具、铅笔、图书等物放在嘴里,不吮手指、不咬指甲,手指甲每两周剪一次,脚指甲每月剪一次。②正确使用手绢或手纸,手绢每日更换,不用别针别在身上。③不用衣袖揩鼻,不用嘴巴舔鼻,不用手揉眼睛,不用手指挖鼻孔,不随地大小便,不随便咬人、抓人等。④看电视时中、大班不超过 30 min,小班不超过20 min,托班不超过 15 min,距离电视 2 m 以上,电视机距离地面 1 m 左右。⑤不乱用别人的茶杯、毛巾、餐具,不吃别人剩下的食物。

(2)3~6 岁幼儿生活能力训练目标:①进餐时坐姿正确,正确使用餐具,吃完自己的食物,吃完后主动放好餐具、椅子。②有良好的饮食习惯,不挑食,不浪费粮食,注意衣服及桌面整洁。③睡醒后不影响周围小朋友,睡前会拉被子。④主动大小便。男孩子会站着小便,女孩子小便后会自己擦屁股,穿裤子。⑤会脱简单的外套,能在老师帮助下将衣物叠放整齐;会解纽扣、拉拉链,会穿不系带的鞋子。⑥知道手帕放在口袋里,不乱丢,会主动擦鼻涕。⑦不乱扔垃圾,并知道将垃圾扔到垃圾篓里。

完成保育工作后,对照自身工作详情,客观公正地给自己评分,积极与同事之间展开互评,对保育工作进行总结。表 5-1 为保育员月考核评分细则。

表 5-1　保育员月考核评分细则

项目	评估内容	自评	互评	得分
学习、工作态度 (10 分)	1.认真参加各类学习,并认真记录、发言(2 分)。 2.热爱每个幼儿,不体罚和变相体罚幼儿,对本职工作十分负责,确保幼儿安全,无责任事故(2 分)。 3.遵守各项制度、作息时间,同事间团结互助,密切配合(2 分)。 4.上班精神饱满,思想集中,积极主动,全身心投入(2 分)。 5.服从安排,及时完成各项任务,自觉积极地完成其他事项(2 分)			
卫生工作 (15 分)	1.认真管理本班及包干区的卫生工作,做到干净、整齐,班内桌、椅、柜、镜子、厕所等无积灰、无积垢、无死角(10 分)。 2.注意自身及幼儿的个人卫生,向幼儿宣传卫生知识,培养幼儿良好的卫生习惯(5 分)			

续表

项目	评估内容	自评	互评	得分
日常消毒（20分）	1.认真做好餐前桌面、餐具、毛巾等消毒工作（4分）。 2.按规定对幼儿的玩具、图书、茶杯等物品进行消毒（4分）。 3.教室、午睡室按规定认真消毒，流行病季节应增加消毒次数，采取各种方法预防疾病，降低发病率（4分）。 4.每两周晒被褥一次（4分）。 5.日常消毒登记规范、准确（4分）			
保育工作（20分）	1.细致、周到地照顾好幼儿用餐，关心体弱幼儿（4分）。 2.关心照顾好幼儿睡眠，注意室内通风，关注幼儿的睡眠质量，提醒幼儿小便，注意幼儿盖被情况（4分）。 3.根据气候变化适当增减幼儿衣物，离园及外出时注意检查幼儿的衣物（4分）。 4.管理本班幼儿衣物，衣物摆放整齐，随时处理幼儿弄脏的衣裤及物品（4分）。 5.注意幼儿喝水问题，经常提醒幼儿多喝水（4分）			
后勤管理（15分）	1.妥善保管班内及包干区内物品，无遗失、无损坏现象（8分）。 2.勤俭节约，下班前做好水、电、门、窗的检查工作（7分）			
家长工作（10分）	1.平时应与家长沟通，纠正幼儿的不良习惯（3分）。 2.采取各种形式积极主动地做好宣教工作，取得家长的支持和信任（3分）。 3.积极配合老师开展工作（4分）			
出勤情况（10分）	满勤（10分）			
加分细则	1.单项评比获奖者。 2.各类活动、竞赛获奖者			
扣分细则	1.违反幼儿园规章制度。 2.因保管不善导致物品损坏或遗失的，按价赔偿			

时间：_____　　　　姓名：_____　　　　得分：_____

任务 *评价*

学生自评：

授课教师评价：

实训教师评价：

任务拓展

幼儿园保育员工作检查办法如表5-2所示。

表5-2　幼儿园保育员工作检查办法

项目	内容
日常卫生工作 （20分）	1.地面无纸屑、无灰尘、无污渍（5分）。 2.物体表面无灰尘、无杂物（5分）。 3.水池、便池、皂盒无污物、无异味，垃圾无积存（5分）。 4.水杯、水桶、水壶干净整洁；毛巾、餐巾、抹布清洗干净；床铺整齐、洁净（5分）
定期卫生工作 （20分）	1.墙壁无蛛网、无灰尘（4分）。 2.风扇、灯具、窗帘、挂件无灰尘（4分）。 3.桌、椅、床、门窗等无尘垢，玻璃明亮（4分）。 4.卫生间地面、便池无污垢、无异味；污水池、桶无泥垢，卫生工具摆放整齐（4分）。 5.玩具、床上用具定期清洗（4分）。
消毒工作 （20分）	1.餐巾、水杯每日清洗消毒，玩具每周清洗消毒一次（10分）。 2.按时进行空气消毒（10分）。
餐点卫生工作 （20分）	1.每次餐前进行餐桌消毒，然后清洗干净（10分）。 2.餐后清理桌面、清洁地面（5分）。 3.剩饭、餐渣及时倒掉，垃圾桶洗刷干净（5分）
配合教育教学 （20分）	1.主动配合班级的教育教学工作，对行动慢的幼儿进行帮助（10分）。 2.帮助老师带孩子上下楼梯（10分）。

任务二　幼儿生理发育特点

案例导学

幼儿乔××,女,4岁,家长发现孩子经常呕吐,不爱吃饭,无意中发现孩子吃煤。家长带孩子来到医院进行检查,检查结果为患有"异食癖"。

问题:

(1)护理员应该怎样护理?

(2)孩子不吃饭,要吃煤,护理员应该怎样做?

(3)护理员怎样配合家长预防和治疗孩子的"异食癖"?

解答与措施

(1)患儿出现异食癖现象时,护理员不要一味地指责或强行制止,要安抚和转移孩子的注意力,将容易被孩子误食的东西收好。"异食癖"是代谢功能失常、味觉异常和饮食管理不当等引起的一种非常复杂的多种疾病的综合征。患儿出现"异食癖"可能是由于体内缺锌或缺铁性贫血、肠道有寄生虫等多种原因引起,也有观点认为是心理因素引起的。"异食癖"在孩子发育阶段中比较常见,尤以3~7岁的孩子为主。其症状为脸黄,口唇、指甲苍白,消瘦,疲劳乏力,食欲不振,腹胀,腹痛等。

(2)护理员要督促家长及时带患儿去医院进行检查,根据医生的治疗意见,针对性治疗。如体内缺锌,要按年龄补充口服锌制剂。另外,告诉家长要关心孩子,添加辅食时注意选择含锌的食物,做到食谱多样化,有营养,逐渐纠正孩子偏食、挑食的习惯。

(3)护理员应配合家长预防和治疗孩子的"异食癖"。

①根据医生诊断,及时给予患儿治疗用药。

②给患儿营造良好的就餐环境,并做饮食调整,使患儿的饭菜色香味俱全。

③对患儿加强管理,耐心、细心,避免患儿接触不可食用的物品。

④提醒患儿父母在生活上对患儿多关心、多陪伴、多照料。

学习目标

通过了解不同年龄阶段幼儿生理发育特点以及不同幼儿个体功能发展的异同,掌握幼儿生理发育相关理论知识,培养热爱幼儿教育事业的情感。

任务 描述

细心观察班级中的每一个孩子,结合所学知识,了解班级中幼儿生理发育的基本情况。

任务 分析

在学习本任务时需要有经验丰富的主班教师带领,遇到特殊或难以判断的情况,需及时向保健医生等专业人员请教。

任务 准备

查询班级学生健康档案;了解幼儿生理发育基本常识;整理幼儿常见生理发育问题。

知识 准备

一、体格发育的特点

儿童的生长发育是一个持续的过程,分不同的阶段,每个阶段密切相连,就发育速度来说,年龄越小,发育的速度越快,婴儿期的发育是最快的,3～6岁时,发育稍稍放缓,体重每年会增加2 kg左右,身高每年会增加5～7 cm,新陈代谢比较旺盛。3～6岁的宝宝活泼好动,跟婴儿期相比,他们的睡眠减少,活动量增加,四肢的发育加快,所以需要通过摄取各种食物来满足自身发展的需要。

少年儿童期是体格和智力发育的关键期,家长尤其需要注意。

长个子的高峰期在青春期,青春期的孩子每年可以长高7～10 cm,这种长势会持续2～3年,整个青春期会长高25～28 cm。

二、幼儿大脑和神经系统发育的特点

幼儿大脑和神经系统发育的特点是发育迅速、发育不均衡、发育不完全。由于幼儿还处于生长发育阶段,神经系统发育还未完善,家长不必过于担心,保证正常营养供给即可。

1.发育迅速

幼儿的大脑生长发育速度很快,婴儿出生时大脑的重量相当于成人大脑的25%。出生后,大脑的重量会随年龄增长而逐渐增加,1岁时,大脑的重量为800～900 g,当年龄增长到2岁时,大脑的重量会达到成人大脑的75%。婴儿4～5岁时,大脑发育减慢,直到14～15岁时,大脑重量才会与成人的大脑重量基本相同,达到1400 g左右。

2.发育不均衡

幼儿的神经系统发育不均衡,表现为中枢神经系统发育不平衡,脊髓与脑干在一出生就已经发育,而小脑发育比较迟,3~6岁时才开始发育。

3.发育不完全

幼儿大脑皮质发育不完全,兴奋性占主导地位,而抑制作用较为缓慢。幼儿对某一事物的注意力不能持久,或会因为兴趣的变化而分散注意力,这是正常现象。随着神经系统的成熟,这种特点会逐渐改善。

三、幼儿消化器官发育特点

(1)口腔:婴儿3~4个月时唾液分泌开始增加,到5个月时明显增多;足月新生儿出生时已具有较好的吸吮和吞咽功能,颊部有厚的脂肪垫,帮助吸吮。

(2)食管:婴幼儿食管呈漏斗形状,黏膜薄嫩,腺体缺乏,弹力组织和肌层还不发达,食管下段括约肌发育不成熟,控制能力差,常发生胃食管反流。大多数婴幼儿在8~10个月时该症状消失。

(3)胃:新生儿胃容量小,约为30~60 mL,1~3个月时为90~150 mL,1岁时为250~300 mL,5岁时为700~850 mL。

(4)肠:婴幼儿肠管一般为身长的5~7倍,或为坐高的10倍,有利于消化吸收。由于婴幼儿大脑皮脂功能发育不完善,进食时常引起胃-结肠反射,产生便意,因此大便次数比成人多。

(5)肝:月龄越小的婴幼儿,其肝脏相对越大。婴幼儿时期胆汁分泌较少,因此对脂肪的消化和吸收较差。

(6)胰腺:婴幼儿出生3~4个月时胰腺发育较快,胰液分泌量也随之增多,1岁以后,胰腺外分泌部分生长迅速,为出生时的3倍。胰液分泌量随年龄增长而增加。

(7)肾脏:婴幼儿肾小管还未长到足够的长度,功能不足,排钠的能力有限,钠的慢性滞留容易引起水肿。

四、幼儿心理发育特点

幼儿心理发育特点具有不统一性、年龄阶段性和连续性等特点。

(1)不统一性:孩子因为家庭环境和生活环境的不同,心理发育情况不同,幼儿的心理发育具有明显的不统一性。

(2)年龄阶段性:一般处于特定年龄阶段的幼儿有相似的心理特点,而且是属于此年龄阶段特定的特点,如爱钻柜子、爱躲藏等。

(3)连续性:幼儿心理发育是从小到大不断变化的,随着幼儿年龄的增长,心理状态会越来越稳定。

良好的家庭及学习环境有利于培养幼儿良好的心理状态,家长要与孩子多沟通,了解孩子的想法,解决孩子面临的困难,培养孩子乐观、积极的心态。此外,从小培养孩子的兴趣爱好,有利于丰富孩子生活,帮助孩子建立良好的心态。

任务 实施

在主班教师的帮助下统计本班孩子的生长发育情况,完成表5-3。

表5-3 生长发育基础数据统计

姓名	出生年月	性别	身高	评价	体重	评价	视力	评价

年　　月　　日

任务 评价

学生自评:

_____

_____

授课教师评价:

_____

_____

实训教师评价:

_____

_____

_____

▶ 任务三　清洁工作

清洁卫生消毒工作是减少疾病发生和预防传染病的有效措施。清洁就是清洗保洁各种物体,而消毒则是除去或消灭各种物体上的病原体(细菌、病毒)。

学习目标

通过对园区及班级进行清洁和消毒,培养学生的实践动手能力。

任务描述

在保育教师的带领下进行幼儿园清洁消毒工作,实习第三周应熟练掌握消毒液的配比,并能独立完成清洁、消毒工作。

任务分析

幼儿园清洁、消毒工作虽为常规工作,但要真正落实做好并非易事,需要同学们提高责任担当意识和消毒卫生意识,紧抓每一个细节,严格按照园所卫生消毒制度执行。

任务准备

认真学习园所清洁、消毒管理制度,积极参与园所清洁卫生工作培训。

知识准备

一、清洁卫生消毒工作内容

清洁卫生工作主要包括日常清洁卫生工作和定期清洁卫生工作。
消毒工作包括预防性消毒工作和传染病流行期间或发生时的疫源地消毒工作。

二、清洁卫生消毒的方法

1.机械清洁消毒法

机械清洁消毒法能清洁除尘,排除或减少病原体,但不能消灭病原体。这种方法操作简便、经济实惠,适用于集体机构。

2.物理消毒法

物理消毒法是指利用空气和日光消毒,开窗使空气流通,可减少呼吸道疾病的传播。一些不宜清洗消毒的玩具、图书、被褥等,可放在日光中曝晒,日光中的紫外线有强烈的杀菌作用。

3.热力消毒法

热力消毒法适合于集体机构,是一种常用的、有效的消毒方法。常用的热力消毒法有消毒柜消毒、流通蒸汽消毒、煮沸消毒等,尤其适合于餐具、茶具、毛巾等物品的消毒。

(1)消毒柜消毒。

按照产品使用说明书规定的方法进行消毒处理。消毒柜分为高温型和紫外线臭氧型,消毒餐具时必须使用高温型消毒柜;易烤焦物品不宜放入高温型消毒柜。

(2)流通蒸汽消毒。

适用范围:适用于餐饮具及餐桶、菜盆等的消毒。

流通蒸汽法是利用100℃水蒸气进行消毒。最简单的方法是蒸饭箱,常用的流通蒸汽消毒设备有蒸汽消毒柜、蒸汽消毒车,可以按其使用说明书进行操作。消毒时间应在水沸腾并冒出蒸汽后开始计算;餐具应垂直放置,并有空隙,防止空气留存在死角内;大量物品勿用铁盆盛装,最好使用漏孔金属筐;包装不宜过紧;能吸收大量水的衣物不要浸湿放入,否则妨碍空气的置换;在消毒时注意排除消毒柜内的冷空气。

(3)煮沸消毒。

适用范围:适用于餐饮具、毛巾、餐巾、服装、床单等耐湿物品的消毒。煮锅内的水应将物品全部淹没。水沸后开始计时,持续煮沸15~20 min。计时后不得再加入新物品,否则持续加热时间应从重新加入物品再次煮沸时算起。

4.化学消毒法

化学消毒法是利用化学药物杀灭病原微生物的消毒方法,适合于物体表面,如门窗、地面、厕所、家具、教学玩具等的消毒。

(1)消毒剂溶液浸湿消毒。

适用范围:用于织物、耐湿物品、教学玩具等的消毒。

消毒剂溶液应将物品全部浸没。对腔管类物品,应使管腔内也充满消毒剂溶液。作用至规定时间后,取出用清水冲净、晾干。根据消毒剂溶液的稳定程度和物品污染情况,及时更换所用溶液。

(2)消毒剂溶液擦拭、喷洒消毒。

适用范围:用于家具、门把手、水龙头等物体表面,以及地面、墙面等的消毒。

擦拭消毒时,用布浸以消毒剂使用浓度的溶液,依次往返擦拭被消毒物品表面。必要时,在作用至规定时间后,用清水擦洗干净以减轻可能引起的腐蚀作用。

喷洒消毒时,用消毒剂使用浓度的溶液直接喷洒被消毒物品表面。

(3)消毒剂溶液喷雾消毒。

适用范围：用于室内空气、人体呼吸道、居室表面和家具表面的消毒。

用普通喷雾器进行消毒剂溶液喷雾消毒，使物品表面全部润湿为主，作用至规定时间。喷雾顺序为先上后下，先左后右。喷雾用于改善呼吸道干燥时，需使用超声雾化器。但其使用时易引起室内物品潮湿。

5.紫外线消毒灯消毒法

紫外线消毒灯又称紫外线杀菌灯、紫外线荧光灯。这是一种利用紫外线的杀菌作用进行灭菌消毒的灯具。紫外线消毒灯向外辐射波长为 253.7 nm 的紫外线。该波段紫外线的杀菌能力最强，可用于对水、空气、衣物等的消毒灭菌。

任务 *实施*

为迎接幼儿入园，我们需要创设一个干净、舒适的室内外环境。清洁、消毒工作尤为重要，请同学们在保育老师的指导下完成表 5-4。

表 5-4　清洁、消毒任务完成情况自查表

具体任务	任务要求	完成情况自评	保育教师评价
开窗通风	早上在幼儿入园后要进行开窗、通风、换气，冬季不少于 15 min。同时注意冬季室内温度不低于 18 ℃，夏季不高于 28 ℃		
准备水杯	将前一天消毒的水杯，从消毒柜中取出放在清洁干净的幼儿杯架上进行保洁，方便幼儿来园后取拿饮水		
准备好饮用水	打开恒温饮水机		
清扫消毒	用配比好的"消毒液"对幼儿所能接触到的物体表面、走廊扶手、水龙头、门把手等进行擦拭消毒。在清洁地面时，需要用消毒液浸泡过的拖把对班级及该班室外清洁区的所有地面、走廊、楼梯进行清扫消毒		
准备盥洗室用品	检查洗手的香皂、毛巾是否齐全。消毒制剂及清洁用品是否放置在安全的地方。幼儿洗手后要再次对物品进行整理，时刻保持地板干燥，防止幼儿滑倒		
便池清洁、消毒	厕所便池要用洁厕剂刷一遍，以保持干净卫生。幼儿如厕后，要对厕所再次进行清洁。		
玩具、教具的清洁与消毒	对幼儿的玩具、教具要定期清洁、消毒。被褥、床铺每周用紫外线灯照射消毒，每月清洗晾晒消毒		
幼儿离园后的清洁与消毒	幼儿离园后要对班级所有物品进行整理，清洗消毒毛巾、杯子（一日两次），用含有消毒液的拖把拖地		

任务评价

学生自评：

_____
_____
_____

授课教师评价：

_____
_____
_____

实训教师评价：

_____
_____
_____

▶ 任务四　家园共育

家长与老师配合得越好，教育才会越成功。很多人不太重视幼儿园教育，觉得"孩子小，送孩子上幼儿园就是玩，学不到什么"。

很多家长都有这样的想法，但是，幼儿园的性格养成教育才是对孩子最关键的教育，孩子在幼儿园时期养成的各种习惯都对今后的学习、生活和工作起到潜移默化的影响。

家庭是教育的终身学校，家长是教育的终身老师。

学习目标

通过学习与开展有效、有益、有趣的家园共育活动，了解家园共育的内涵及意义，培养团结合作的责任意识。

任务描述

幼儿园与家庭是幼儿生活的两大主要环境，这二者对幼儿的成长都有着极大的影响。实习生应遵守实习园所家园合作管理办法，积极参与家园共育活动，配合主班教师完成家长会、校园开放日等家园共育活动。

任务分析

通过学习家园共育相关知识,掌握家园共育的实施方法,更好地与家长进行沟通。

任务准备

学习政策文件中有关"家园共育"的解读;查阅家园共育活动的开展方式。

知识准备

一、家园共育概述

家园共育是指幼儿园和家庭为了幼儿的健康成长共同研究、相互支持、密切合作,在幼儿的教育问题上达成共识,采取有效的教育行为,从而达到理想的教育效果的教育方式。在孩子的教育过程中并不是家庭或幼儿园单方面的进行教育工作,家园共育在家长和孩子中至关重要。《幼儿园教育指导纲要(试行)》中指出,家庭是幼儿园重要的合作伙伴。应本着尊重、平等、合作的原则,争取家长的理解、支持和主动参与,并积极支持、帮助家长提高教育能力。而幼儿园家长工作的出发点就在于充分利用家长资源,实现家园互动合作共育。家园共育主要有以下几种实施方式:召开"入托幼儿家长恳谈会";定期召开幼儿家长会;定期举行家长开放日;开展家长—教师岗位一日体验活动;开展亲子活动或主题活动;举行幼儿伙食听证会;做好家访、家长问卷调查工作;坚持利用园报和网站实现家园多维互动;定期举行育儿经验交流活动;利用移动互联网技术推进幼儿教育信息化建设等。

二、家园共育的作用

1. 促进了教育质量的提高

在通常情况下,教育行为的实施往往被限定在"幼儿园"或"家庭"的特定空间中,这种教育行为从本质上往往与现实的社会生活存在一定的距离。而通过家园共育活动的开展,具有各种社会背景、拥有各种社会资源的家长,无疑可以为教育活动提供丰富的活动方式和教育方案。

2. 丰富了幼儿的成长体验

无论幼儿园的教育方法多么先进、家庭的教育方案多么丰富,对于孩子而言,这些成长体验毕竟都是有限的。因此,有效地发掘家长群体中所具有的潜在的教育资源,通过家园共育,用科学的实施方法加以组织,提供给其他孩子。这样,可以帮助孩子们拓宽视野,大大地丰富了儿童的成长体验。

3.搭建了家长互动平台

目前,在"望子成龙、望女成凤"的现实情况下,却常常存在着缺乏针对性的、盲目的,甚至是错误的教育方式。

因此,通过开展家园共育活动,能够为家长们构建一个关于如何正确养育孩子的交流平台,帮助部分家长放弃不合适甚至是错误的教育方式,进而在专业人士的有效指导下,对孩子采取较为科学的教育方式,施加良性的教育影响,避免给孩子的成长造成不必要的冲突和困扰。

三、如何进行家园共育?

1.提高教师自身素质,获取家长的信任

随着社会的进步,幼儿家长的水平明显提高,他们对自己孩子所就读的幼儿园的活动环境,特别是对孩子的老师的素质要求非常高。

家长会注重教师是否有良好的师德,扎实的专业技能,对孩子是否细心、耐心、关心,这就要求教师要有全面发展的素质。

教师要热爱每一个幼儿,善于发现每个幼儿的优点和缺点,并给予其足够的重视和鼓励。一位充满爱心的教师,她会精心地安排幼儿一日的生活和学习,对幼儿一视同仁,因材施教,为幼儿提供表现的机会,使不同的幼儿在原有的水平上得到不同程度的发展。

教师在家长面前树立的爱生、敬业的形象会让家长对老师产生信任感。而教师一旦取得家长的信任,就等于在家长工作中获得了一张"通行证",这样,教师与家长就可以在家园同步教育这一轨道上携手前进了。

2.让家长积极参与各种教育活动,提高家长对幼儿教育的认识

近年来,我国在家园共育方面进行了有益的尝试,通过开展一系列的家园活动,在幼儿园与家庭之间架起了一座桥梁,引导家长参与幼儿园教育,从而大大拓宽了教育空间,充分利用了各种教育资源,使家庭成为幼儿园的第二课堂,家长成为幼儿园的编外教师,使幼儿园教育得到最大限度的延伸,取得了初步的成效。

3.注重家园的互动,促进幼儿健康快乐地成长

为了家园教育目标的一致性,保证家园教育内容的衔接与互补,促进家园教育方法的协调性,注重家园互动,实现家园共育,是获得良好教育效果的基本途径。

由于每位家长的观念、素质不同,对孩子的教育也就各不相同,要使家长与教师、幼儿园站在同一条线上,家园互动就显得极为重要。

任务 实施

家园联系手册是家园共育工作的联络纽带,随着现代信息技术和沟通方式的改变,大家更多地运用微信、家长课堂、家长会、节日活动、亲子活动等与家长进行交流。但家园联系手册这种以纸张为媒介的联系纽带能够为幼儿成长留存值得纪念的档案。

请同学们参考以下内容,练习填写家园联系手册(不少于3位幼儿)。

成长档案的内容:

(1)幼儿园的教育理念和教育思想。

(2)幼儿本年龄段的生理和心理发展特点及规律(包括生理发育指标和心理健康标准)。

(3)本年龄段幼儿的食育教育。

(4)本年龄段幼儿的安全教育。

(5)家园合作的卫生保健工作内容。

(6)本年龄段幼儿的教育目标、教育内容及安排。

(7)本年龄段幼儿家庭教育的目标、家庭教育的内容。

(8)本年龄段幼儿的有效沟通方式。

(9)幼儿成长记录。

①幼儿的姓名、年龄、性别;

②幼儿每个月的身高、体重;

③幼儿园生活照片;

④幼儿趣事;

⑤幼儿阶段观察记录;

⑥与家长沟通交流的记录;

⑦幼儿重要活动的记录;

⑧幼儿阶段发展测评;

⑨家长提出的问题及解答;

⑩家庭教育指导建议;

⑪个案成长跟踪记录;

⑫教师对幼儿的欣赏表达。

任务 评价

学生自评:

_____

_____

_____

授课教师评价：

_____

_____

_____

实训教师评价：

_____

_____

_____

项目六 幼儿园跟岗实习教育教学活动内容

工作 任务书

该项目根据跟岗实习的时间(四周)详细安排了每周的教学内容及需要完成的实践任务。全部任务完成后,学生能够独立完成幼儿园教学活动的组织与实施。

任务一　幼儿园教学活动的观摩;

任务二　幼儿园教学活动的参与和组织;

任务三　幼儿园教学活动的设计;

任务四　幼儿园教学活动的组织与实施。

◉ 任务一　幼儿园教学活动的观摩

案例 导学

乐乐老师已经在幼儿园实习一段时间了,最近她遇到了难题,原因是班里的凡凡让她有点头疼。凡凡小朋友胖嘟嘟的,十分可爱,但是他有一些不太好的习惯。比如晨间自由活动时他会带着同伴在教室或幼儿园窜来窜去,追逐打闹;玩积木时,他会把所有的积木都扔在地上;其他小朋友正聚精会神地听讲,他却和周围的小朋友聊天、打闹……

乐乐老师想帮助凡凡小朋友改正问题,请同学们帮乐乐老师想一想解决的办法吧。

学习 目标

1. 认知目标:了解观察法的定义、分类、实施步骤及注意事项。

2. 技能目标:能够对幼儿园中某一现象、某一场景进行观察分析。

3. 素质目标:养成观察与反思的习惯,做幼儿成长过程中的观察者。

任务 描述

此次任务分为两部分,一是观察法的定义与分类,二是在幼儿园进行观察时的步骤。

任务 分析

通过对幼儿园教学活动的观察,有助于掌握正确的观察方法,尽快熟悉幼儿园的教学活动,做好教学工作。

任务 准备

熟悉幼儿园的一日生活流程,了解幼儿园的教学活动。

知识 准备

一、观察的定义

观察是指在自然状态下为完成一定任务,有目的、有计划地对事物进行考察和了解的一种过程。观察法指通过感官或辅助仪器,有目的、有计划地对自然状态下发生的现象或行为进行系统、连续的考察、记录、分析,从而获取事实材料的研究方法。

二、观察的分类

观察的类型有很多,根据观察者是否参与被观察对象的活动,可分为参与观察与非参与观察;根据对观察对象控制性强弱或观察提纲的详细程度,可分为结构性观察与非结构性观察;按是否具有连贯性,可分为连续性观察和非连续性观察;根据观察地点和组织条件,可分为自然观察和实验观察等。

三、观察的步骤

1.明确问题,选择观察对象

对于实习教师来说,在幼儿园中实施观察法其主要观察对象就是幼儿。在实施观察前,观察者要考虑在什么年龄班、选择怎样的幼儿进行观察等。

2.制订观察计划

在观察计划中要有明确的观察时间、地点、观察对象、观察内容、评价与反思等。

3.做好观察准备

观察准备是否充分,往往影响观察的成败。只有周密的观察准备,才有可能准确地收集观察数据。观察准备的主要工作有以下几方面内容。

(1)确定观察的内容。

在确定观察的项目和指标时,应注意以下问题。

①在选择观察内容前,如果是以幼儿为观察对象,要得到孩子的父母或监护人的同意。

②有关幼儿的资料必须要做到保密,被观察的幼儿和观察者的背景都应该保持匿名。

③尽量将观察内容具体化,并给予明确的限定,同时,所确立的观察项目与观察的目的应有本质的联系,能较全面地反映与研究课题有关的某些特征的变化。例如,"幼儿游戏发展水平的研究"中,"幼儿游戏的水平"测量比较抽象,可以抓住几个主要方面来将它具体化,比如可以从能否独立完成游戏,游戏过程中的合作能力、社会交往能力、语言表达能力等方面来衡量。

④确定观察的内容时,尽可能使用一些定量的词语进行量化。例如,对幼儿积木发展水平进行观察时,可以采用持续时间的长短、社会互动的次数等指标来衡量。同时,为了保证研究的科学性,还需要做到定性与定量相结合,对于收集的访谈内容也可以进行归纳和分类。

(2)选择观察途径和方法。

观察的途径和方法可以根据研究的需要而选择,常见的有听课、参观、参与活动等。在幼儿园中常用的一种观察方法是作为研究者参与到活动中进行观察。

(3)设计观察表格及记录方法。

记录观察材料,一般有三种方法,见表 6 - 1。

表 6 - 1   观察材料的记录方法

记录方法	特点
评等法	对观察对象所表现的特征,按所属等级,在表格中画圈或做其他记号
频数记录法	以符号"√"记录对象某项行为出现的次数
连续记录法	利用录音机、录像机等将整个过程加以记录

要注意,对同一行为的观察应该保证足够的次数或时间,以保证观察结果的可靠性。

4.按照计划进入现场实施观察并做好记录

进入现场要注意两点,第一是选好观察位置,有较好的角度和光线以保证观察有效、全面、精确;第二是不惊扰观察对象或与观察对象打成一片。如果是间接观察、非参与性观察,最好不让观察对象知道。如果是直接观察、参与性观察,要与观察对象建立和谐良好的关系,以免被观察者产生戒备心理。

实施观察要注意看、听、问、思、记等互相配合,达到最佳效果。①观看。这是观察最主要的方式。凡是与观察目的有关的行为反应和各种现象都要仔细察看。②倾听。凡是现场发出的声音都要听,特别是观察对象的发言更要仔细地听。③询问。内部观察时,观察者可面对面询问与观察对象有关的问题。④查看。现场查看与观察目的有关的资料。例如,听课时查看学生当堂的练习情况以了解上课效果等。⑤思考。从现场开始获取信息时就要进行思考、分析,随着观察活动的深入进行,观察资料的积累,逐步形成自己的初步看法。另外还要灵活运用触摸、品尝、嗅闻等方式。观察时还要及时作好现场记录。

记录要注意以下几点。

①记录要真实、准确。要尊重客观事实,有什么记什么,不能凭主观想象,更不能凭空捏造。不干预正在进行的活动。

②记录要全面。要根据观察内容将全部情况都记录下来,不能随便丢掉一些现象,否则,就可能导致整个观察的失败。

③记录要有序。要按事情发展的固有顺序记录,不能随意颠倒。记录的有序性不仅能为下一步研究工作打下基础,而且很可能从中揭示出观察对象内部的联系和规律。

5.分析整理观察资料

观察记录的材料要加以整理和分析,准备下一步总结。

首先,要把所有记录的材料详细地加以检查,看分类是否恰当;如果有遗漏和错误,要设法补充记录和改正错误,以免时间久了,无法补充和修正。

其次,所有材料整理好后,加以全面考虑;如果需要的材料还没有搜集到,那就要延长观察时间继续观察,一直到所需材料基本齐全为止。

再次,观察记录的材料,如果数量较少,按观察记录的时间顺序存放保管即可;如果观察的项目较多,记录材料繁多,就要分类存放以便查阅。

最后,记录材料整理后,需要加以说明的,要详细地加以说明。要及时清理搜集的材料,以免时间久了,容易忘记或产生疑问。

6.汇总资料,进行总结

根据对观察资料的分析研究,提出自己的认识,并加以理论的论证,对于观察中出现的问题进行反思并改进,对于有疑问的地方可以请教幼儿园教师或实习指导教师。

任务 实施

转眼间,幼儿园秋季开学已经一个多月了,但萱萱还迟迟不能适应幼儿园的环境,每天早上妈妈送她来幼儿园时,她还是会哭着不让妈妈走。实习老师小李每天早上都要花很久的时间去抚慰萱萱的情绪。

请你选取一位和萱萱一样的具有分离焦虑的幼儿,对其进行一次详细观察,并做好如下记录。

观察时间：_____　　　观察地点：_____

观察对象：_____　　　记录人：_____

观察背景：_____

_____

过程实录：_____

_____

反思：_____

_____

调整策略：_____

_____

2. 观看纪录片《小人国》，选择其中一位幼儿，按照观察的步骤对幼儿的行为进行记录。

_____

_____

任务评价

学生自评：

_____

_____

授课教师评价：

_____

_____

实训教师评价：

_____

_____

思考与练习

1. 参与性观察的优点是（　　　）。

A. 使儿童意识到自己在被观察，所以会最大限度地表现自己

B. 可以得出详细、精确的资料

C. 能严格控制条件

D. 能使儿童表现自然

2. 思考：在幼儿园一日生活中，如何做好幼儿成长过程中的观察者？

▶ 任务二　幼儿园教学活动的参与和组织

案例 导学

实习教师铭铭正在给小班的小朋友上数学课"认识数字 2",她刚把手上的积木发给班里的小朋友,班里就炸开了锅。有的趴在地上把手上的积木垒起来,有的和旁边的小朋友争抢手中的积木,有的因为别人抢走手中的积木大哭,边哭边过来告状……原本设计的教学环节也被迫终止了。在主班教师李老师的帮助下,刚才乱糟糟的场面才得以缓和,铭铭不禁思考起来,到底是哪里出了问题导致教学活动无法进行。

学习 目标

1.认知目标:了解幼儿园玩具、教具的选择原则。

2.技能目标:能够制作出符合幼儿园教学情境所需的课件;掌握 5 个以上的手指操游戏。

3.素质目标:合理利用资源,为幼儿提供和制作适合的玩教具以及学习材料,引发和支持幼儿的主动活动。

任务 描述

本节内容将围绕玩教具的选择;幼儿园课件的制作;手指操的学习三部分内容展开。

任务 分析

通过选择合适的玩教具,制作符合幼儿园教学情境所需的课件,学习手指操三项基本任务,培养思考能力和动手操作能力。

任务 准备

熟悉幼儿园一日生活流程,提前了解幼儿园的教学活动。

知识 准备

一、好玩又有教育性的玩具

喜欢游戏是孩子们的天性,怎样让幼儿在游戏的过程中通过使用玩具来实现教育目标,是值得幼儿教师思考的问题。目前市场上的玩具种类多样,色彩丰富,但并不是所有的玩具都适合作为教具。在选择合适的玩教具时要遵循以下原则。

1.安全性原则

任何玩具对于幼儿来说,都有一定的危险性。例如,一些劣质塑料玩具中可能含有过量的聚氯乙烯、甲醛、苯、铅、汞等有害物质,经常接触可能会引起皮肤过敏。教师要注意幼儿将一些玩具上的小零件拆卸下来吞食。安全性原则是教师选择玩教具时首要考虑的因素。

2.可玩性原则

有的教师在选择玩教具时只顾教育性,却忽视了可玩性,导致在活动中幼儿对于玩教具兴趣不高,教学目标难以达成。

以下为一些优秀的玩教具展示(图6-1)。

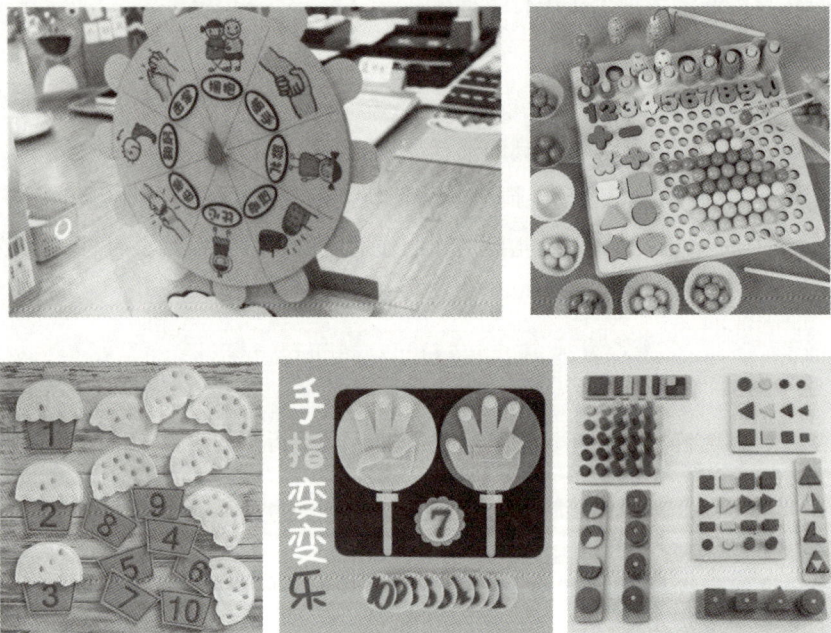

图6-1 优秀玩教具展示

3.针对性原则

教师要针对不同年龄班选择不同的玩教具。

小班幼儿喜欢在他们周围的环境里不断运动,他们对控制物体和解决问题有着强烈的兴趣,建议选择的玩具:推拉和骑乘玩具、充气玩具(如球)、器皿玩具、娃娃家具、形状分类玩具等。

中班幼儿喜欢与周围的孩子共同分享,他们喜欢模仿大人的行为,如用自制的"钱"买东西,模仿收钱和打电话,并且自己会假设一些场所,如商店、医院等。幼儿通过玩具来表达自信和情感。建议选择的玩具:医疗玩具、简单的棋类玩具、美术品玩具(如蜡笔、画笔、彩泥、纸张)、拼插组装玩具等。

大班幼儿的学习是在玩耍中进行的,他们寻求新信息、新经历、新挑战,带有强烈的公平感,孩子在这个时期最容易受同伴的影响,有很强的性别区分。建议选择的玩具:棋类玩具、运动类玩具、模型和手工艺品玩具、拼插组装玩具等。

二、幼儿园课件制作

1.幼儿园教学课件的特点

幼儿在 3～6 岁期间,对于外界新鲜事物好奇心强,思维以感知运动为主,对于事物的认识学习需要借助具体的事物或者图画来理解。他们能够理解的事物关系比较简单,所以,幼儿园教学课件的制作对课件本身的技术性要求不是很高,相对来说,更多要求课件画面色彩鲜明,生动活泼,音视频适宜,文字较少。幼儿园教学课件制作主要使用的软件类型包括文字编辑软件、图像处理软件、音频处理软件、动画处理软件、视频编辑软件等。

2.PPT 制作主要使用的软件

(1)文字编辑软件:可以使用 Word 软件完成脚本的编写。

(2)图像处理软件:使用 Photoshop 软件主要完成模板、文字的处理。

(3)音频处理软件:使用迅捷音频转化器可以对声音进行编辑。

(4)动画处理软件:使用 Flash 软件主要完成一些动画的处理。

(5)视频编辑软件:使用爱剪辑软件主要完成一些特定视频的处理。

三、制作课件

制作一个幼儿园教学课件大致分为素材准备、课件制作、调整修改三个步骤。

1.素材准备

素材准备主要包括以下几个方面。

(1)模板准备:日常教学生活中可以适当收集一些适宜制作幼儿园教学 PPT 的课件模板,选择模板的原则是色彩丰富,以卡通形象为主。

(2)动画准备:动画效果活泼,能够给人留下深刻印象,直接体现文本内容。在文字表达意思不好理解时,可以借助动画的形式。

(3)其他素材准备:主要包括音频、视频等素材的准备。

2.课件制作

按照教学的顺序与要求将所需素材逐一导入课件中,可以根据教学需要使用不同的文字、图片展示效果。需要注意的是在一个课件当中,场景切换、文字出场、图片出场最好采用相同的效果,适时变换。

3. 调整修改

课件初步制作完成之后,需要从课件第一页到课件的最后一页播放一遍,主要检查每张幻灯片的播放效果和衔接是否自然,对课件进行精加工处理。注意保持课件的简洁、流畅,检查是否有遗漏、错误的内容。

总之,做好一份课件,要做到深刻理解课件的内容,学会用素材来表达内容的主题。最后从幼儿的角度来审视自己制作的课件,课件当中是否有幼儿无法理解的内容,文字是否连贯、自然,画面是否生动、活泼。

四、可以活跃气氛,吸引幼儿注意力的手指操

我们在生活中常常会听到"十指连心""心灵手巧"的成语。著名哲学家康德曾说:"手是身体的大脑。"著名教育家苏霍姆林斯基也曾说:"儿童的智慧在他的手指尖上。"对于婴幼儿来说,手指的活动是大脑的体操。活动的是手,得到锻炼的是大脑。手的动作与人脑的发育有着极为密切和重要的关系,对幼儿语言、视觉、听觉、触觉等的发展也有极大的助益。

科学研究证明,只有使左脑和右脑得到均衡的发展,才能让大脑变得更加聪明。

下面举例介绍幼儿园中常用的手指操。

1. 小乌龟

小乌龟,不说话(左拳叠在右拳上),

背着厚壳爬爬爬(右手伸出大拇指点 2 下),

爬到水里会游泳(左右晃动),

爬上岸来伸尾巴(伸出小拇指)。

2. 花儿开

春天花儿开(双手握拳慢慢打开),

朵朵真可爱(对点小拇指 2 下、大拇指 2 下、中指 1 下),

只能用眼看(两手手背相对,中指、大拇指向前伸,做兰花指),

不能用手摘(同上)。

3. 菊花

菊花菊花开开(双手手腕相对,四指打开呈花状,360°绕腕花两边),

板凳板凳歪歪(手心向下,双手手尖搭在一起像跷跷板一样上下起伏),

开几朵,开三朵(拍手一下,手腕由里向外转动一圈),

爸一朵,妈一朵(左手食指竖起来转动手腕一下,右手食指竖起来转动手腕一下),

宝宝头上戴一朵(右手食指竖起在头的右上方转动手腕一下)。

4.土豆

土豆土豆丝儿（双手握拳对击两下,拍手一下）,

土豆土豆皮儿（双手握拳对击两下,手背相拍一下）,

土豆丝儿,土豆皮儿（双手握拳对击一下,拍手一下）,

土豆皮儿,土豆丝儿（双手握拳对击一下,手背相拍一下）。

5.抬妞妞

一二三,爬竹竿（拍手3下,左手伸直,右手从左手手腕爬到指尖）,

四五六,踢足球（拍腿3下,双手握拳捶腿）,

七八九,手搭手（双手握拳交替向上移动3次,手背搭手背）,

搭个花轿抬妞妞（手背搭手背左右晃动）。

6.包子卷子

包子这么大（双手握拳中间有一掌的距离平行伸出于体前）,

卷子这么长（双手手心相对中间有一掌的距离伸出于体前）,

打开一看里面包着糖（手腕相靠做小云手的动作）,

左看看（左手握拳手心向上,右手五指并拢手心向上,指间对着左拳）,

右看看（右手握拳手心向上,左手五指并拢手心向上,指间对着右拳）,

宝宝尝一尝（双手在脸颊两旁做扇风的动作）。

7.手指一家亲

大拇哥是爸爸（伸出大拇指）,

爸爸开汽车笛笛笛（大拇指交替向前按几次,表示按喇叭）,

二拇哥是妈妈（伸出食指）,

妈妈洗衣服嚓嚓嚓（食指对在一起搓一搓）,

中指头是哥哥（伸出中指）,

哥哥打电脑嗒嗒嗒（中指向前,左右交替做打电脑状）,

无名指是姐姐（伸出无名指）,

姐姐拉琴mi so la（左右手握拳伸出无名指做拉小提琴状）,

小指头就是我（伸出小拇指）,

我敲小鼓咚咚呛（左右手握拳伸出小拇指做八字状,左右手交替做打鼓状）。

8.小象

两只小象河边走（双手大拇指立起来,其余四指握拳,指关节相对,大拇指前后交替晃动4次）,

扬起鼻子点点头(大拇指相对"点头"4 次),

就像一对好朋友(双手大拇指立起来,其余四指握拳,拳心相对),

见面握握手(十指交叉握手)。

9. 种豆

种下一颗豆(十指交叉握拳,将大拇指藏于拳中),

发了一个芽(将藏着的大拇指伸出),

顺着黄瓜架,使劲往上爬(两个大拇指相互绕,边绕边向上),

长高了,长高了(两手分开,在头顶上下摆动),

可惜没浇水(在头顶双手变换反方向),

蔫了塌了架(双手垂下)。

10. 幸福的家

我有一个幸福的家(拍手双手打开呈花状),

有爸爸、有妈妈(左手掌、右手掌分别对扇两下),

我们相亲又相爱(五个手指头依次对碰),

快快乐乐笑哈哈(拇指与食指对绕)。

11. 两个好朋友

两个好朋友(双手握拳,伸出食指),

出来走一走(一个食指在另一个食指上,交替进行),

见面点点头(两个食指相对做弯一弯姿势),

再来握握手(两个食指拉拉钩)。

12. 好朋友

鸟儿鸟儿天上飞(摆动五指),

鱼儿鱼儿水中游(前后划动),

牛儿牛儿岸上走(呈牛角状,拇指碰小指,两手交替变方向),

扬起头来顶顶牛(拇指小指相对挤压),

它们都是好朋友(握拳,拇指伸出弯曲两下)。

任务 实施

1. 请你为小班幼儿选择一个适合数学教学的玩教具,并说明原因。

2. 请在幼儿园中教会幼儿一个手指操游戏。

任务 评价

学生自评：

_____

_____

_____

授课教师评价：

_____

_____

_____

实训教师评价：

_____

_____

_____

_____

思考 与练习

1. 制作一个以动物园的小动物为主题的教学课件，并完成脚本的编写。

2. 自己动手，制作一个教育性和玩耍性兼具的玩教具。

◎任务三 幼儿园教学活动的设计

案例 导学

幼儿园要开展一次数学领域活动的研讨，实习教师铭铭准备以"认识圆形"为主题，教学活动目标如下：

(1) 让幼儿认识圆形；

(2) 学会圆的画法；

(3) 培养幼儿的创新精神。

请思考：以上教学目标是否合理？

学习目标

1.认知目标:了解幼儿园教学活动设计的流程。

2.技能目标:能够设计出一份合格的幼儿园教学活动设计方案。

3.素质目标:树立幼儿为本的观念,在教学活动设计中能够尊重幼儿兴趣需要、结合幼儿生活实际。

任务描述

熟悉幼儿园教学活动设计的格式、内容、要求及注意事项。

任务分析

教师作为集体教学活动的主要发起者、组织者和引导者,做好幼儿园活动设计是上好课的第一步,通过此次任务,能够掌握正确的活动设计格式,为日后教学打好基础。

任务准备

了解幼儿的身心发展水平特点;熟悉我国的教育方针政策。

知识准备

一、活动目标的设计

教学活动目标的本质。

1.教学目标应该是学习的结果而不是过程

教学活动目标是指经过幼儿教师的教学后,幼儿能够达到一定的标准。在教与学的过程中,儿童最终获得的知识和能力以及形成的个性化行为才是目标。因此,在写目标时,要强调儿童通过学习能够习得什么样的结果。

2.行为主体应该是幼儿而不是教师

教学活动目标是指通过教学后幼儿达到的行为。因此,教学活动目标表达的主体应该是幼儿而不是教师。不少教师认为,教学既然主要是教师在教,因而其目标应当是教师能够干什么。如果将教学活动目标改为"学习目标",似乎就不易混淆了。其实,教学活动目标和学习目标本质是一致的,属于同一概念。因此,教学是以幼儿为中心,教师教学的一切行为都是为幼儿服务的。

3.目标要明确、具体、可操作性强

从幼儿园教育目标体系来看,从低到高,各层次目标是越来越抽象的、概括化的和笼统的,作为最具体、最底层的主题教学活动目标,其特点就是明确、具体、可操作性强,能具体指导、调控教师的教学过程,否则,教学活动目标就丧失了它的作用。可以这样说,目标越是明确和具体,目标的可操作性就越强,目标的达成度就越高。

4.教学活动目标应具有可观察性和可测量性

教学活动目标的一大作用即用来测量和评价幼儿的学习效果,因此,教师所表述的教学活动目标应当能够体现出可观察性和可测量性的功能。我国教师比较习惯用含糊的用语表述教学活动目标,如"理解、体会、掌握"等。但在教学之后,教师很难测量幼儿在这些方面表现出的行为的程度。因此,教师在表述教学活动目标时,选用的行为动词应该是能够描述幼儿所形成的可观察、可测量的具体行为的词语,如说出、阐述、表达、展示等,而不是掌握、领会、理解这样的描述内部心理变化的词语。

幼儿园的活动目标常采用三维目标,可以用到的动词如表6-2所示。

表6-2　三维目标层次常用动词

三维目标	各领域目标层次常用动词
知识目标	了解、说出、背诵、回忆、举例、描述
	理解、说明、猜测、归纳、概括、区别
	应用、使用、设计、总结、评价
技能目标	模仿、重复、再现、扩展、缩写
	独立操作、完成、制订、安装、绘制
	迁移、联系、转换、举一反三
情感、态度、价值观目标	经历、感受、参加、讨论、交流、体验
	反应、认同、接受、感兴趣、支持
	领悟、形成、热爱、树立、坚持、追求

二、具体教学活动计划的一般结构

1.活动名称、设计意图

教学活动名称应包括年龄班、领域范畴、具体类型与具体内容。设计意图主要说明为什么选择这个内容;它是针对学前儿童的什么问题或兴趣爱好提出来的;试图通过活动达到什么样的教学目的,等等。

2.活动目标

教学活动目标是灵魂、是统帅,拟订时要以阶段教学目标为导向,挖掘教学内容的教育价值,充分考虑儿童的年龄特点、现有的发展水平和已有经验,确保活动的设计以引导儿童发展为目的,以尊重儿童发展为前提而进行。教师的教学行动要随着观察儿童学习的实际情况和目标做适时、适宜的调整,一般要考虑知识目标,技能目标,情感、态度、价值观目标三个目标的设计。

3.活动重点、活动难点

活动重点是一次教学活动的重要目标的体现;活动难点是对儿童学习过程中可能出现的困难的估计,并考虑提供适宜的帮助措施。

4.活动准备

活动准备包括儿童活动中必需的知识经验和技能准备,教学活动中必要的教具和学具等物质准备,以及活动场地、座位安排与环境布置等空间准备。

5.活动形式

活动形式包括活动中具体采用哪种形式(集体、小组、个人),先后顺序如何,以什么形式为主。

6.教学方法

教师应根据活动计划、活动目标选择合适的教法与学法。

7.活动过程

活动过程设计一般包括活动的开始部分、基本部分、结束部分这三部分的设计。

活动的开始部分主要设计该活动如何自然、巧妙地导入,主要目的是能够迅速吸引幼儿的学习兴趣和注意力,自然导入新的教学内容;基本部分是完成本次活动的主要目标及活动重难点的重要环节,主要设计各环节安排、设计提问、设计线索等,教师要考虑活动设计的角度、方法、体系等相关的问题;结束环节是一个完整的教育教学活动必不可少的有机组成部分,有效的结束环节对教学活动能起到画龙点睛的关键作用。因此,精心设计一个适宜而有效的结束方式很有必要。结束部分的设计主要以游戏、讲评、小结、表演、复习等方式来自然结束。

8.活动延伸

根据具体活动的情况,决定是否需要进行活动延伸。活动可向其他领域活动、区域活动、日常生活活动及亲子活动中延伸,活动延伸包括重复强调和后续拓展两种类型,说明向哪里延伸、做什么和怎么做,可巩固什么经验或让幼儿得到什么新经验。教学活动延伸既是对前面教学活动的巩固,也是继续开展下一个活动的连接,起着承上启下的作用。活动设计要交代清楚延伸的具体活动是什么,其指导要点是什么。

9.活动评价

活动评价即是教师的活动小结,包括教师对本次教学活动内容的总结,突出重难点,也包括对活动中儿童的行为表现的小结。

教学活动评价是教师教学活动必不可少的一个重要环节,教师可以进行活动反思、自我诊断,通过对儿童活动情况的分析,找到自己设计或组织过程中的优势或不足,以便及时调整和改进工作,促进每一个儿童的发展,提高教学质量。

以下是一份完整的教学活动设计,仅供参考。

中班社会领域活动"小小一粒米"

一、设计意图

米是幼儿日常生活中常吃的食物,但对于幼儿来讲,他们并不知道米来自哪里。在他们的一日三餐中,浪费米粒的现象随处可见。《3～6岁儿童学习与发展指南》中中班社会领域要求幼儿能够在教师的提醒下节约粮食。我们针对中班幼儿的认知水平和生活习惯,结合指南要求,进行此次活动,帮助幼儿认识米的外形与来历,教育幼儿懂得珍惜粮食。

二、活动目标

(1)认识米的外形特征,并学习用语言进行描述。

(2)知道米的来历以及米和人们生活的关系。

(3)懂得粮食来之不易,培养幼儿爱惜粮食的好习惯。

三、活动重难点

(1)活动重点:认识米的外形特征,并学习用语言进行描述。

(2)活动难点:知道米的来历以及米和人们生活的关系。

四、活动准备

1.物质准备

(1)将大米装入不透明的瓶子里呈半满状态。

(2)制作PPT:大米的来历。

2.学习准备

准备一个视频:一粒米的由来。

五、活动过程

(一)游戏导入

(1)将装有大米的瓶子在幼儿面前摇动,吸引幼儿的注意力,并让幼儿尝试自己摇动瓶子,猜一猜里面的东西。

师:"小朋友们,老师这里有一个宝贝,摇一摇有声音,猜猜里面是什么?"(请幼儿自由探索,相互说一说)。

(2)教师引导幼儿有方向地猜测,最终打开瓶子给出答案,满足幼儿的好奇心。

(二)认识米,说一说米的特征

(1)在桌子上展示米,让幼儿充分观察、探索。

(2)讨论米的颜色与形态,并引导幼儿用语言总结大米的外形特征。

师:"谁愿意告诉我大米是什么颜色的? 什么样子的? 摸起来怎么样?"

教师小结:大米是白色的,小小的,一粒一粒的,有的长,有的圆,捏在手里硬硬的。

(三)米的来历与用途

(1)提问:米是从哪里来的?(引导幼儿自由讨论)。

(2)展示 PPT:让幼儿了解米的生长过程以及农民种粮食的辛苦过程。

(3)通过提问米的用途,引发幼儿思考。

师:"你们知道米有什么用吗?"

小结:学生知道米可以做成白米饭,可以让人们吃饱、有力气、长身体。

(4)引导幼儿讨论:"如果没有米,我们会怎么样?"

小结:人活着离不开粮食,离不开米,米的用处很大。小朋友要爱惜粮食,从爱惜每一粒米做起。

(四)儿歌"爱惜白米饭"

(1)教师朗诵儿歌。

(2)幼儿熟悉儿歌内容。

(3)教师带领幼儿朗诵儿歌。

(4)教师进行教学活动的小结。

六、活动延伸

家园共育延伸:请小朋友们回到家也给爸爸妈妈讲一讲米的来历和作用吧。

任务实施

请分析下面的教学活动目标是否合理?并说明理由。

1.理解风儿能使云彩千变万化,感受散文中的语言美和意境美。

2.能讲述云彩的变化。

3.发展幼儿的想象力和语言表达能力。

任务评价

学生自评:

_____

_____

_____

授课教师评价:

_____

_____

_____

实训教师评价：

思考 与练习

以"神奇的电冰箱"为主题，设计一份教学活动方案。

要求：活动过程完整，格式规范。

任务四　幼儿园教学活动的组织与实施

学习目标

1. 认知目标：了解幼儿园教学活动中不同教学环节的注意事项。

2. 技能目标：能够合理组织并使用正确的教学活动语言。

3. 素质目标：努力提高专业素养，认真学习，提升教学能力。

任务描述

掌握正确的导入语、提问语、表扬语的使用。

任务分析

通过正确使用导入语、提问语、表扬语，能够合理组织教学活动，吸引幼儿注意，提升教学能力。

任务准备

设计一份完整的幼儿园教学活动方案。

知识准备

一、导入语

在幼儿园阶段，由于幼儿的身心特点，大部分幼儿园集体教学活动的开展与完成主要依靠教师的语言指导来实现。教师的语言表达能力,直接影响着教学效果的好坏,常用的导入语有以下几种。

1. 直入式

开门见山直接导入新课内容,如"上节课我们已经讲过×××故事,今天,老师和小朋友们一起来表演这个故事,你们愿意吗?"

2. 谈话式

师幼在交谈中不知不觉地渗透着新课内容,进而又自然而然地引入课题,如"小朋友,你们喜欢下雨吗? 喜欢雨伞吗? 为什么? 让幼儿自由发言,教师小结(小朋友们都喜欢雨伞,因为雨伞可以为我们挡雨,也非常漂亮,今天,我们就来学习儿歌——伞)。"

3. 谜语式

通过猜谜语能够概括事物的主要特征,帮助幼儿理解新课内容,激发幼儿的学习兴趣,如常识课"认识青蛙"教学导入语:"今天,老师要请你们猜一样东西,'大眼睛,宽嘴巴,白肚皮,绿衣裳,地上跳,水里划,唱起歌来呱呱叫,专吃害虫保庄稼。'请小朋友们动脑筋想一想,这是什么东西? 对了,今天我们就要一起来认识青蛙!"

4. 故事式

以故事的形式导入新课,能吸引幼儿的注意力,调动幼儿的学习积极性,如音乐活动中"粗心的小画家"的导入语:"今天,老师给小朋友们讲一个故事,有一个小朋友叫'丁丁',他很喜欢画画,他画只鸭子尖嘴巴,画只兔子圆耳朵,画匹大马没尾巴,你们说他是一个什么样的画家呢? 对,今后我们无论做什么事情都要细心,仔细观察,千万不能马马虎虎。今天,我们来学习歌曲——粗心的小画家。"

5. 悬念式

采用悬念式导入新课,可引起幼儿的好奇心,激发幼儿学习的热情,培养幼儿主动探索的精神,如主题活动中的故事"茉莉花请医生"的教学导入语:"今天老师要给小朋友们讲个故事,题目叫'茉莉花'。茉莉花为什么要请医生? 请了几个医生? 他们是怎样为茉莉花治病的? 请小朋友们认真听老师讲完故事就知道了。"

6. 表演式

通过情境、小品、舞蹈、木偶等表演形式导入新课,如音乐活动课中的"王老先生"的导入形式:"你们看,谁来了? 我们就叫他王老先生,王老先生很喜欢养动物,你们猜一猜他养了哪些小动物? 我们今天就用歌声来表达刚才的内容。让我们一起来学习歌曲——王老先生。"这种情境表演将歌词内容体现出来的导入新课的形式,能很好地帮助幼儿理解歌曲的含义,掌握歌词的内容。

7. 演示式

借助实物、玩具、图片、贴纸等道具以演示的形式导入新课,直观形象,幼儿既感兴趣,又容易理解,如音乐活动课中学习歌曲"丢手绢"时可以说:"今天,老师带来一些东西,你们看是什么东西(出示手绢)?"教师示范游戏,并总结:"今天我们就来学习这首歌曲——丢手绢。"

8. 实验式

通过直观形象的实验操作形式导入新课内容,变抽象为具体,变深奥为浅显,既发展幼儿的观察力,又对幼儿理解、掌握新授内容起到事半功倍的作用,如常识课"认识水"就可以以实验操作的形式导入新课。教师提起水壶,往玻璃杯里倒水,然后提问:"你们看老师把什么倒在杯子里?水有颜色吗?我们来做个小实验,你们看完了就知道了。"

9. 游戏式

以游戏的形式导入新课,能调动幼儿的积极性,活跃课堂的气氛,如科学领域中的"小手的秘密",导入新课可这样安排,让幼儿把双手放在身体的背后,启发诱导:"咦!你们把什么藏在背后去了?哦!原来你们把手藏在身体后面去了。伸出来看看,每个人都有几只手?"

10. 观察式

幼儿带着任务去观察,幼儿会留心注意事物,如科学领域中的"认识小蝌蚪",导入时可以这样说:"小朋友们,老师在桌上准备了许多盆,盆里装了许多小蝌蚪,他们长什么样子呢?老师要请小朋友们去看一看,看的时候要认真、仔细,还要牢牢记住它们的特征。"通过观察的形式导入新课,能使幼儿对所学知识快速理解,掌握牢固。

11. 挂图、提问式

利用挂图,通过富有情趣的问题创设导入新课,培养幼儿的观察力和口语表达能力,如音乐活动中"摘星星"的导入语:"图中月儿是什么样的?月儿弯弯好像什么?谁想在这船上坐?坐在这船上想干什么呢?"

幼儿园教学导入语的设计形式多样,举不胜举,运用时应根据具体学科、内容而定。导入要讲究引导性、启发性、激发性、自然性、新颖性等,千万不要牵强附会、生搬硬套,影响授课效果。

二、提问语

提问是幼儿教师经常采用的一种活动方式,是启发幼儿积极思考的主要手段。在幼儿园教学活动中,教师常常通过提问来促进幼儿积极思考、感知知识、理解知识。教师提问技能水平的高低,也直接影响幼儿活动的积极性,进而影响活动目标的实现。回忆我们教学中的提问情况,我们不难发现,有时教师提问后幼儿会积极响应。而有时问题提出后,幼儿反响平淡甚至出现"卡壳""启而不发""答非所问"的现象。所以,提问技能是幼儿教师必须认真研究并熟练掌握的活动技能。

　　有针对性和启发性是课堂提问的要求。一方面,提问要针对一定的目标设计,要为完成教育活动目标作铺垫。另一方面,教师提出的问题,提问后的启发要针对幼儿的年龄特点。所提问的问题过难或过易都不能引起幼儿积极思考,不能发挥提问的作用,如我们问三岁的孩子:"是太阳绕着地球转,还是地球绕着太阳转?"幼儿将无从答复;问七岁的孩子:"1 加 1 等于几?"也没有多大的价值。

　　提问的主要目是启发幼儿通过观察、思考、想象、讨论等去寻找一定的答案。问题的答案有时也要求幼儿通过操作或探索寻找。这就要求提出的问题既能激发幼儿操作的兴趣,又能向幼儿提示操作、观察、探索的重点,如观察物体的沉浮现象前提问幼儿:"请小朋友认真观察木头、石头、铁钉放入水中后会怎样? 什么东西浮在水面上,什么东西沉在水中?"

三、表扬语

　　表扬使人进步,打击使人意志消沉。在幼儿的教学中,表扬显得特别重要。下面收集了一些幼儿课堂表扬用语,希望对你有帮助。

　　(1)你的发言让人振奋!

　　(2)看他多勇敢,今天发言的声音真响亮!

　　(3)你的发言让大家赞叹不已!

　　(4)你答复得真完整,让大家听得明明白白!

　　(5)你的答复真精彩,让我们为你的勇敢和博学鼓掌吧!

　　(6)说得多好啊! 让我们用掌声来祝贺他!

　　(7)你能有根据、有条理地说出自己的想法和做法,真了不起!

　　(8)你的声音真美! 老师希望经常听到你的声音。

　　(9)你的声音真动听,像个小百灵。

　　(10)你的声音像鸟儿歌唱一样,真好听!

　　(11)你的声音真洪亮,让大家听得清清楚楚!

　　(12)你的声音真好听,大家都很想听,你再读一读。

　　(13)读的真美呀! 我们全都陶醉了!

　　(14)你读得太感人了,我们的心都被你牵动了!

任务 评价

　　学生自评:

_____

_____

_____

授课教师评价：

_____

_____

_____

实训教师评价：

_____

_____

_____

思考 与练习

1.为活动绘本《母鸡萝丝去散步》设计一个导入语。

2.在教学活动过程中，表扬幼儿要注意哪些方面？

工作 任务书

请观察四次完整的教学活动，活动主题、活动领域、年龄班不限，做好下面的记录。

幼儿园活动方案设计 1

活动名称	
活动目标	
活动重难点	
活动准备	
活动过程	
活动延伸	
活动反思	

幼儿园活动方案设计 2

活动名称	
活动目标	
活动重难点	
活动准备	
活动过程	
活动延伸	
活动反思	

幼儿园活动方案设计 3

活动名称	
活动目标	
活动重难点	
活动准备	
活动过程	
活动延伸	
活动反思	

幼儿园活动方案设计 4

活动名称	
活动目标	
活动重难点	
活动准备	
活动过程	
活动延伸	
活动反思	

模块四

幼儿园顶岗实习

项目七

幼儿园顶岗实习保育实训

一、幼儿园顶岗实习概述

学前教育专业是一个应用性、实践性很强的专业。用人单位对毕业生的专业素养有着极高的期待。但是最近十年,中国学前教育专业或者说幼儿园教师教育发生了两个方面的大的转型:一是中等幼儿师范学校逐渐退出历史舞台,幼儿园教师培养由三级师范向二级师范过渡;二是高校学前教育专业由培养中等幼儿师范学校教师为主向培养幼儿园一线教师为主过渡,并且规模大幅度扩张。伴随着这种转型,幼儿园一线教师的学历层次明显提升,但是专业能力以及与幼儿园教师的专业成长有关的其他专业素养并没有明显提升,有些方面(如专业能力、专业德行)与 20 世纪八九十年代的中专幼师生比起来甚至退化了。

教育部下发的《关于职业院校专业人才培养方案制订与实施工作的指导意见》(以下简称《意见》)对职业院校的课程设置、学时安排、实践教学、专业人才培养方案的实施等都提出了具体要求。

《意见》进一步明确了有关学时安排。三年制中职、高职每学年安排 40 周教学活动。三年制中职总学时数不低于 3000,公共基础课程学时一般占总学时的 1/3;三年制高职总学时数不低于 2500,公共基础课程学时不少于总学时的 1/4。中、高职选修课学时数占总学时的比例均应不少于 10%。一般以 16～18 学时计为 1 个学分。实践性教学学时原则上占总学时数 50%以上。学生顶岗实习时间一般为 6 个月。

结合本校、本专业实际情况,顶岗实习安排在第三学年,时长不少于 6 个月。

二、幼儿园顶岗实习安全

该项目根据顶岗实习的时间(一学期 6 个月,1 个月完成一个任务)详细安排了每 1 个月的保育内容和需要完成的任务。

任务一　幼儿园一日生活的组织;

任务二　幼儿营养膳食;

任务三　幼儿传染病的预防与管理;

任务四　幼儿意外伤害与急救；

任务五　肥胖、体弱幼儿的护理；

任务六　幼儿心理健康教育。

任务一　幼儿园一日生活的组织

案例导学

今天中午轮到我看孩子们午睡。孩子们陆续进入梦乡,我正在给小梦盖被子,突然听到很小的吵闹声。我在教室扫视了一圈,发现牛牛的被子在动,只见他用被子把头盖了起来,睡在他旁边的欣达也用被子把身体全部盖起来,有一只手伸到了牛牛的被子里。

我赶紧轻跑了过去,掀开牛牛和欣达的被子,发现牛牛正在用手挠耳朵,脸上的表情很奇怪。我把牛牛的手拉开一看,只见牛牛的耳朵里有一个很小的毛球,我赶紧帮牛牛拿了出来。我问欣达怎么回事,他说:"我的毛衣上有毛毛,我团成了球球,牛牛挠我,我就把球球扔在他身上了,牛牛把它塞进了耳朵里。"

在幼儿午睡过程中,以上场景中的事件时不时会发生,对于此类事件,老师如何处理与指导呢?

学习目标

了解幼儿园一日生活环节的主要内容;能够对幼儿的一日生活进行观察和判断,养成观察与反思的习惯,做幼儿成长过程中的观察者。

任务描述

了解幼儿园一日生活各环节的主要内容和指导要点。

任务分析

通过对一日生活的理论学习,了解一日生活的常规制度,明确各个环节的活动目标以及活动内容,掌握幼儿一日生活各个环节的组织方法,提高自身的实践教学能力。

任务准备

了解不同年龄段幼儿的特点,懂得幼儿园"一日生活皆课程"的理念,理解幼儿园一日生活的含义和价值。

知识准备

一、晨间入园

1.晨检标准要求

晨检教师按时到岗进行晨间接待,做到"一看"——检查幼儿面色、皮肤、精神状态;"二摸"——触摸幼儿额头有无发热症状;"三问"——教师询问家长幼儿的身体健康、大小便情况;"四查"——检查幼儿手、口、皮肤、腮腺有无疱疹、腮腺硬结、肿大等症状,检查有无携带细小零件玩具入园,避免事故的发生。

2.关注要点

晨检中,若发现有疑似疾病或传染病的幼儿,医生、教师应及时与家长沟通并前往二级以上医院进行确诊,做好安全工作。

二、进餐

(1)餐前准备:摆放桌椅并消毒,由配班教师负责,按照当日出勤人数摆放桌椅。配班教师用保健医生统一配制的消毒液对桌面消毒。

播放进餐音乐:配班教师餐前10 min播放进餐音乐,音量适中。

选择合适的餐具:配班教师根据当天食谱,从消毒柜里拿取合适的餐具。

餐前活动:主班教师组织幼儿分组洗手。

(2)主班教师介绍当日饭菜品种及营养,配班教师按照幼儿进餐量添加饭菜并巡视。

(3)餐后整理和清洁:主班教师指导幼儿将使用后的餐具放在指定的容器内,提醒幼儿整理桌面,将小椅子归位。幼儿从口杯架取出自己的口杯,取纯净水漱口。完毕后,将口杯放在指定的容器内,随后配班教师进行清洗消毒。配班教师擦拭整理桌面、地面。保洁员进行餐具清洗、消毒。

(4)餐后活动:主班教师组织幼儿进行餐后活动,如手指游戏、走线活动、户外散步、读书活动等。

表7-1为幼儿进餐观察记录表(第一周)。

表 7－1　幼儿进餐观察记录表(第一周)

观察内容	实录	存在问题及改进措施
餐前准备情况		
幼儿进餐情况		
幼儿餐后活动		

班级：_____　　　日期：_____

三、幼儿饮水

1. 喝水前

主班教师站在消毒柜旁指导幼儿拿取已消毒好的口杯,幼儿有序地站在饮水机前方有标识处依次接水(先接热水,后接凉水,水量每次为口杯的 2/3;托小班幼儿教师可协助接水)。此时主班教师应站在饮水机旁指导幼儿接水,视线不能离开幼儿,以免发生推挤碰撞而烫伤的意外。主班教师观察后应及时记录幼儿的饮水量。

2. 喝水时

接水后的幼儿端着水杯回到自己的座位上喝水,主班教师观察巡视幼儿喝水的情况。

3. 喝水后

喝水完毕后幼儿主动将口杯放回口杯架的标识处,将小椅子归位,全部幼儿喝水完毕后配班教师从口杯架取出已使用过的口杯进行清洗、消毒。

幼儿一人一杯(标识清晰);保证随时有水;幼儿喝水时不拥挤、不打闹、不嬉笑;注意水的温度和水量。

四、幼儿如厕

1. 如厕前

主班教师有序组织幼儿分组排队如厕(图 7－1)。

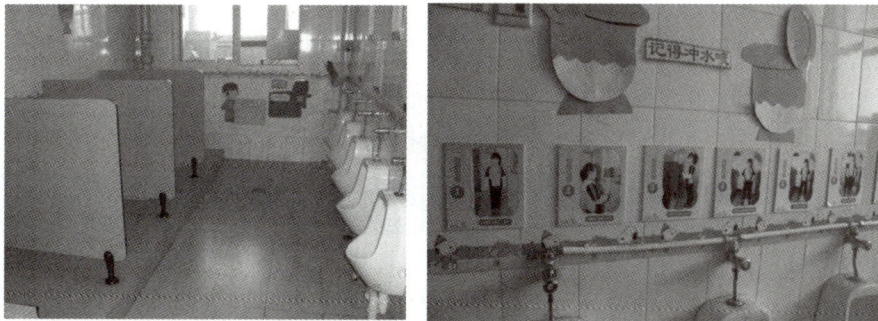

图 7 - 1　幼儿按照流程有序如厕

2. 如厕时

主班教师站在卫生间观察指导幼儿如厕。

3. 如厕后

主班教师指导幼儿便后正确地洗手;配班教师帮助动作较慢或自理能力较弱的幼儿穿好裤子并及时记录幼儿的大小便情况。

五、幼儿午睡

1. 午睡前

主班教师带领幼儿饭后散步、睡前如厕,配班教师在睡前半小时开窗通风,幼儿进入寝室时关闭寝室窗户,拉上窗帘,同时播放舒缓的午睡音乐。

主班教师指导中大班幼儿自己摆好枕头,拉开被(毯)子,按顺序脱去外衣裤,提醒幼儿不带小玩具上床,迅速盖好被(毯)子,不东张西望,闭上眼睛,安静入睡(注:小班幼儿教师可协助幼儿)。

2. 午睡时

主班值班教师要不断地巡视幼儿午睡情况,给每一位幼儿测量体温并及时记录;纠正幼儿不良睡姿。若发现幼儿神色异常应及时报告保健室给予处理;及时提醒个别幼儿如厕;不能以任何借口离开幼儿的寝室;随时注意保持室内空气清新;主班教师及时为幼儿准备起床后的餐点。

3. 午睡后

主班教师播放起床音乐,轻轻唤醒幼儿;认真询问幼儿的睡眠情况;指导并帮助幼儿穿衣、整理床铺等;注意观察幼儿的状态,发现异常情况及时与医务人员联系;逐个检查幼儿的服装、床铺是否整齐;提醒收拾整齐的幼儿如厕;做好交接班工作;配班教师协助整理床铺,开窗通风并为幼儿梳洗、分发餐点。

午睡时,教师要经常巡视,提醒经常尿床的小朋友按时如厕,将身体不适的幼儿安排在离自己较近的地方,监测体温并及时记录。表7-2为幼儿午睡观察记录表。

表7-2 幼儿午睡观察记录表

内容	实录	问题及改进
睡前准备活动		
入睡速度		
入睡中的护理要点		
生活自理情况		

班级:_____   日期:_____

六、盥洗

1.盥洗前

主班教师站在盥洗室处观察指导幼儿盥洗;配班教师做好盥洗前的准备工作。

2.盥洗时

(1)教师:主班教师提醒幼儿遵守盥洗规则,不推挤、不打闹。

(2)幼儿:盥洗时不拥挤;学习掌握洗手、洗脸的顺序、方法。

3.盥洗后

主班教师逐一检查幼儿的盥洗情况,组织幼儿用餐。

七、离园

1.离园前

主班教师与幼儿进行简短的谈话,同他们一起回顾一天的生活;对幼儿进行安全教育和礼貌教育,提醒幼儿回家的注意事项;检查幼儿仪表是否整洁,提醒幼儿带好回家的物品。

2.离园时

主班教师向家长介绍幼儿在园情况,对未及时接走的孩子应组织相应活动安抚幼儿的情绪;要坚持幼儿接送卡制度,防止幼儿走失或被不认识的人带走;配班教师站在队伍最后,配合主班教师的工作。

3.离园后

主班教师应做好室内的清洁、安全工作;配班教师要对幼儿的口杯再次清洗、消毒,同时用紫外线消毒灯对室内空气进行消毒。

任务 评价

学生自评：

_____

_____

_____

授课教师评价：

_____

_____

_____

实训教师评价：

_____

_____

_____

思考 与练习

在进餐环节，如何让幼儿养成不挑食、不厌食，安静进餐的好习惯？对于浪费粮食的幼儿，如何让他们养成节约粮食的习惯？

▶任务二　幼儿营养膳食

案例 导学

云南某村，刚满 1 岁的乐乐还在吃母乳，添加辅食已有半年了，辅食是白面和土豆。她身高 67 cm，体重 6.2 kg，而国家公布的 1 岁儿童平均身高与体重分别为 75 cm 和 9.4 kg。乐乐的状况已属于严重营养不良，并伴有发育迟缓。

学习 目标

了解营养素的概念、分类以及各种营养素的功能；掌握学前儿童膳食的配制原则以及膳食的特点,能够针对不同年龄的儿童制订合理的膳食计划。

任务描述

了解学前儿童所需要的各种营养和热能,掌握编制食谱的方法。

任务分析

营养是学前儿童生长发育和保持身心健康的物质基础。学前儿童每天都要摄入一定数量的食物,这些食物中含有蛋白质、脂肪、碳水化合物、无机盐、维生素和水等各种营养素,这些营养素能够不断地满足肌体维持生命和进行活动的需要,促进儿童的健康成长。通过学习这些内容,能够了解膳食搭配的方法。

任务准备

了解幼儿的生理发育特点,熟悉常见食物的营养价值。

知识准备

一、学前儿童需要的营养和热能

(一)蛋白质

蛋白质是构成一切细胞和组织的基本物质,肌肉和神经细胞中所含蛋白质成分最多。蛋白质是三大产热营养素之一,人体需要的总热量中约14％来源于蛋白质。

蛋白质的食物来源:膳食中蛋白质的主要来源是畜禽肉类、蛋类、鱼类、奶类等动物性蛋白质和谷类、豆类、干果类等植物性蛋白质。

(二)脂类

脂类是人体需要的重要营养素之一,供给机体所需的能量、提供机体所需的必需脂肪酸,是人体细胞组织的组成部分。人体每天需摄取一定量脂类物质,但摄入过多可能会导致高脂血症、动脉粥样硬化等疾病。

根据我国的膳食状况,一般认为我国幼儿每日膳食中脂肪供给的热量应占每日总热量的25％～30％。

(三)碳水化合物

碳水化合物由碳、氢和氧三种元素组成,是自然界存在最多、具有广谱化学结构和生物功能的有机化合物。由于它所含的氢氧的比例为2∶1,和水一样,故称为碳水化合物。它可以为人体提供热能。糖类化合物是一切生物体维持生命活动所需能量的主要来源。

食物中的碳水化合物分成两类：人可以吸收利用的有效碳水化合物，如单糖、双糖、多糖；人不能消化的无效碳水化合物，如纤维素。

碳水化合物可以供给能量、构成细胞和组织、节省蛋白质、维持脑细胞的正常功能、生成抗酮体、解毒、加强肠道功能等。

碳水化合物的主要食物来源：糖类、谷物（如水稻、小麦、玉米、大麦、燕麦、高粱等）、水果（如甘蔗、甜瓜、西瓜、香蕉、葡萄等）、干果类、干豆类、根茎蔬菜类（如胡萝卜、番薯等）等。

（四）矿物质

矿物质是地壳中自然存在的化合物或天然元素，又称无机盐，是人体内无机物的总称，是构成人体组织和维持正常生理功能必需的各种元素的总称，也是人体必需的七大营养素之一。

矿物质和维生素一样，是人体必需的元素，矿物质是无法自身产生、合成的。

人体中含有的各种元素，除了碳、氧、氢、氮等主要以有机物的形式存在以外，其余的 60 多种元素统称为矿物质。其中 25 种为人体营养所必需。钙、镁、钾、钠、磷、硫、氯 7 种元素含量较多，约占矿物质总量的 60%～80%，称为宏量元素。其他元素，如铁、铜、碘、锌、锰、钼、钴、铬、锡、钒、硅、镍、氟、硒共 14 种，存在数量极少，在机体内含量少于 0.005%，被称为微量元素。

对于学前儿童来说，比较容易缺乏的矿物质有钙和铁，在特殊情况下碘、锌的摄入量可能也会不足。

1. 钙

钙是人体含量最多的一种无机元素，人出生时体内含钙总量约为 28 g，成年时达 850～1200 g，相当于体重的 1.5%～2.0%，其中 99% 集中在牙齿中。对于儿童来说，钙在骨骼中沉淀和溶解的周期为 1～2 年，而成年人需 10～12 年。因此，学前儿童对钙的需要量比成年人多得多。钙的缺乏可能影响儿童骨骼、牙齿的发育，甚至导致佝偻病。

2. 铁

铁是人体必需微量元素中含量最多的一种，人体中的铁 60%～75% 存在于血红蛋白中，3% 存在于肌红蛋白中，1% 存在于各种酶类中，其余则分散在肝、脾和骨髓中。铁是氧的携带者，参与氧气和二氧化碳的运载和交换，铁是血红蛋白的组成部分，是构成酶的重要物质，也是产生能量的基础。膳食中铁摄入不足的儿童易烦躁，抗感染能力和抵抗力下降，甚至出现缺铁性贫血。

3. 碘

人体中含碘约 20～50 mg，碘是甲状腺的重要组成部分，也是人体必需的微量元素。碘具有促进蛋白质合成、加速生长发育、活化多种酶、促进伤口愈合、保持正常新陈代谢的重要作用，其功能的实现主要通过甲状腺素体现出来。人体摄入碘不足会使甲状腺分泌减少，导致甲状腺的病变,孕妇若严重缺碘可能会导致胎儿发育迟缓、低下,甚至引起呆小病。

4.锌

锌是人体六大酶类、200余种金属酶的组成成分或辅酶,有着促进全身代谢的功能。人体内约含 2～2.5 g 的锌,主要存在于肌肉、骨骼和皮肤中。饮食中若锌的摄入量不足,会导致儿童发育迟缓,食欲不振,伤口愈合变慢,味觉迟钝甚至丧失,并可能产生异食癖(喜欢吃泥土、煤渣、纸等)。

二、学前儿童的合理膳食

(一)学前儿童膳食的特点

合理的幼儿膳食首先应食物多样化,各种食物种类齐全,供应量适宜,从而获得充足的营养和热量(表 7-3)。同时,还要做到食物搭配的科学、合理,一般要做到主副食、粗细粮、荤素菜、干稀搭配合理。

表 7-3 不同年龄幼儿各类食物的每日参考摄入量

食物种类	不同年龄幼儿食物每日参考摄入量	
	1～3 岁	3～6 岁
谷类	100～150 g	180～250 g
蔬菜类	150～200 g	200～250 g
水果类	150～200 g	150～300 g
鱼虾类	—	40～50 g
畜禽肉类	100 g	30～40 g
蛋类	—	60 g
液态奶	350～500 mL	300～400 mL
大豆及豆制品	—	25 g
烹调油	20～25 g	25～30 g

其次,要注意各种营养素供给的均衡性和三餐比例。学龄前幼儿由于正处在身心发育的重要时期,膳食中要保证充足的热量和优质蛋白以满足其新陈代谢旺盛、生长发育迅速的需要。一般来说,优质蛋白应不低于蛋白质总量的 50%。幼儿的膳食也要多选用富含碳水化合物的食物。

再次,食物烹调中应讲究促食欲、利消化。如果食品外形美,色诱人,味可口,香气浓,花样多,则有利于增进幼儿的食欲。幼儿消化功能仍未发育完善,咀嚼能力相对较差,加之胃肠道蠕动及调节能力较弱,各种消化酶的活性远不及成人,因此在食物制作中应注意碎、细、烂、软、嫩,避免油腻、辛辣、刺激性食物,以便于幼儿对食物的消化。

对幼儿园的膳食营养进行科学的管理,是保障幼儿健康饮食的重要手段。做好幼儿园的膳食管理工作,必须制订合理的膳食计划。

（二）托幼机构的膳食计划和评价

对食物的种类、数量、搭配和烹调做出计划叫作膳食计划。膳食计划是保证合理营养的一种科学管理方法,是合理使用托幼园所伙食费,为幼儿提供平衡膳食的首要环节。制订膳食计划的依据是幼儿的年龄特点和对各种营养素的需要,以及不同的饮食习惯、市场供应情况、气候条件和伙食标准等。

制订膳食计划的具体表现就是编制食谱。食谱是一日内定量的各种食品的配制和烹调方法,是膳食计划的具体实施。

1.幼儿食谱编制的原则

(1)应满足幼儿需要的能量、蛋白质、脂肪。

(2)各营养素之间的比例要适宜。

(3)食物的搭配要合理。注意主食与副食、杂粮与精粮、荤与素等食物的平衡搭配。

(4)膳食制度要合理。

(5)注意制作和烹调方法。学龄前幼儿咀嚼和消化能力仍低于成人,食物烹调时应注意色、香、味、形,讲究烹调技术,尽可能保存食物中的营养素,减少维生素损失。

(6)根据季节变化,冬季可多用高热能的食物,夏季应多用清淡爽口的食物。

2.幼儿食谱编制步骤

(1)确定幼儿膳食能量和三大营养素(蛋白质、脂肪、碳水化合物)膳食目标。

(2)根据餐次比计算每餐营养素参考摄入量。

(3)根据碳水化合物的量确定谷类主食的数量。

(4)根据蛋白质的量确定动物类副食的数量。

(5)添加蔬菜水果以满足维生素和矿物质的需要。

(6)确定油和食盐的量。

(7)设计出一日食谱及用料。

(8)食谱营养分析计算。

(9)食谱的调整和评价。

3.膳食调查与评价

为了了解托幼园所幼儿的营养状况,了解拟制的食谱是否有利于幼儿的生长发育,幼儿从中真正摄取的各大营养素及能量获取情况,就需要在膳食调查的基础上对托幼园所的膳食进行评价计量。

(1)膳食调查。

常用的膳食状况调查方法为称量法。

先称量记录一日中每餐各种食物的未处理前重量、可食部分重量、熟重以及幼儿吃剩的重量。

未处理前重量:米在未淘前,面粉在发面或压面条前,蔬菜、肉鱼等副食未经清洗去除不可食部分前的重量。

可食部分重量:去除不可食部分后的重量。

熟重:烹调出锅后的重量。

剩余重:餐后各种主副食的剩余重量。

求出平均每人每天的食物消耗量,将一周内所消耗的食物加以分类和综合。

实际吃量＝熟重－剩余量。

生熟比值＝可食部分重量/熟重。

总摄取量＝实际吃量×生熟比值。

平均每人净食量＝总摄取量/就餐人数。

最后,对照食物成分表,就能得出一周内平均每人每天所摄取的各种营养素含量和热量总和。

称重法所需调查时间至少一周,时间较长,比较麻烦,但获得的数据比较准确。

(2)膳食评价。

食谱质量的好坏可以通过观察食谱、幼儿对食物的反应作粗略了解,也可通过定期测量幼儿身高、体重、血色素等指标反映膳食情况,但最科学、准确的评价莫过于进行营养测算。目前营养测算已被计算机软件所替代,获得数据方便且准确。一般幼儿园每年在 3 月、6 月、9 月进行三次营养测算,示范幼儿园要求每个月进行一次营养测算。

对幼儿蛋白质平均摄入量,全日制幼儿园应当达到参考摄入量的 80％以上,寄宿制幼儿园应当达到参考摄入量的 90％以上。维生素 A、B_1、B_2、C 及矿物质钙、铁、锌等应当达到参考摄入量的 80％以上。

任务 评价

学生自评:

_____

_____

_____

授课教师评价:

_____

_____

_____

_____

实训教师评价：

_____

_____

_____

思考与练习

如何制订托幼机构的膳食计划？

▶任务三　幼儿传染病的预防与管理

案例导学

东东是个 5 岁的小男孩，他特别爱吃糖，小小年纪就已经有好几颗蛀牙了。每当提起这件事的时候，他的妈妈总是不以为然地说："没事的，反正坏的是乳牙，早晚都要换掉的！"龋齿是一种发病率极高的口腔疾病，世界卫生组织已将龋齿与肿瘤、心脑血管疾病并列为人类三大重点防治疾病。尽管儿童的乳牙会换掉，但是一旦患上龋齿，会给儿童带来咀嚼不适、摄取食物困难等痛苦，还会影响恒牙的生长，所以，保护好儿童的乳牙具有很重要的意义。儿童如果患上龋齿一定要引起重视。

学习目标

通过了解学前儿童常见的疾病种类，掌握不同疾病的症状和预防措施，培养关爱幼儿、热爱幼儿的职业品质，增强职业道德感。

任务描述

了解传染病的知识与预防措施。

任务分析

学前儿童抵抗力差,生活自理能力不强,容易生病且病情变化快。通过本任务的学习,了解不同疾病的表现、治疗方法和预防措施,能够更好地对幼儿进行照顾,促进幼儿的健康成长。

任务准备

了解并记录本班级幼儿的身体状况。

知识准备

一、手足口病

手足口病是由肠道病毒引起的传染病,引发手足口病的肠道病毒有 20 多种(型),其中以柯萨奇病毒 A16 型(Cox A16)和肠道病毒 71 型(EV 71)最为常见。多发生于 5 岁以下儿童中,表现为口痛、厌食、低热,手、足、口腔等部位出现小疱疹或小溃疡,多数患儿一周左右自愈,少数患儿可引起心肌炎、肺水肿、无菌性脑膜脑炎等并发症。个别重症患儿病情发展快,导致死亡。目前缺乏有效治疗药物,主要对症治疗。

预防措施:

(1)饭前便后、外出后要用肥皂或洗手液等给儿童洗手,不要让儿童喝生水、吃生冷食物,避免接触患病儿童。

(2)看护人接触儿童前,替幼童更换尿布、处理粪便后均要洗手,并妥善处理污物。

(3)婴幼儿使用的奶瓶、奶嘴,使用前后应充分清洗。

(4)本病流行期间不宜带儿童到人群聚集、空气流通差的公共场所,注意保持家庭环境卫生,居室要经常通风,勤晒衣被。

(5)儿童出现相关症状要及时到医疗机构就诊。患儿不要接触其他儿童,父母要及时对患儿的衣物进行晾晒或消毒,对患儿粪便及时进行消毒处理;轻症患儿不必住院,宜居家治疗、休息,以减少交叉感染。

(6)每日对患儿的玩具、个人卫生用具、餐具等物品进行清洗消毒。

(7)托幼单位每日进行晨检,发现可疑患儿时,采取及时送诊、居家休息的措施;对患儿所用的物品要立即进行消毒处理。

二、流行性腮腺炎

流行性腮腺炎简称流腮,俗称痄腮,四季均有流行,以冬、春季常见,是儿童和青少年期常见的呼吸道传染病。它是由腮腺炎病毒引起的急性、全身性感染,以腮腺肿痛为主要特征,有时亦可累及其他唾液腺。流行性腮腺炎前驱症状较轻,主要表现为一侧或两侧以耳垂为中心,向前、后、下肿大,肿大的腮腺常呈半球形,边缘不清,表面发热,有触痛。7~10 天消退。本病为自限性疾病,尚缺乏特效药物,抗生素治疗无效,一般预后良好。

预防措施:

(1)管理传染源:隔离早期患者直至腮腺肿胀完全消退。接触者一般不需检疫,但在集体儿童机构、部队等应留验 3 周,对可疑者应立即隔离。

(2)切断传播途径:勤通风、勤晒被子。

(3)保护易感人群。

三、细菌性痢疾

细菌性痢疾简称菌痢,亦称为志贺菌病,是志贺菌属(痢疾杆菌)引起的肠道传染病。志贺菌经消化道感染人体后,引起结肠黏膜的炎症和溃疡,并释放毒素入血。临床表现主要有发热、腹痛、腹泻、里急后重、黏液脓血便,同时伴有全身毒血症症状,严重者可引发感染性休克和(或)中毒性脑病。

预防措施:

(1)及时发现患者和带菌者,并进行有效隔离和彻底治疗,直至大便培养阴性。

(2)饭前便后及时洗手,养生良好的卫生习惯,尤其应注意饮食和饮水的卫生情况。

(3)口服活菌苗可使人体获得免疫性,免疫期可维持 6~12 个月。

四、流行性出血性结膜炎(红眼病)

流行性出血性结膜炎也称为急性出血性结膜炎,俗称"红眼病",是肠道病毒或柯萨奇病毒引起的一种传染病,起病急,传染性强,为丙类传染病。四季均可发病,但以夏、秋季多见。表现为眼部异物感、烧灼感、发痒和流泪,分泌物增多。一般预后良好,极少数可引起角膜穿孔。急性出血性结膜炎没有特效药物,它有自限性,并且很少导致永久性视力障碍。

预防措施:

(1)在急性出血性结膜炎流行期间,避免接触急性患者,做好个人卫生,但无须预防性滴用眼药水。

(2)病人接触过的物品应擦拭消毒、煮沸消毒或开水浇烫。病人的洗漱用品要严格做到与其他家庭成员或同居室人员分开,不能混用,避免交叉感染。

表 7-4 为托幼机构儿童传染病登记表。

表7-4　托幼机构儿童传染病登记表

姓名	性别	年龄	发病日期	传染病名称										诊断单位	诊断日期	处置	签名
				手足口病	水痘	流行性腮腺炎	猩红热	急性出血性结膜炎	痢疾	麻疹	风疹	传染性肝炎	其他				

备注:患某种传染病在该栏内划"√"。

任务评价

学生自评:

_____

_____

授课教师评价:

_____

_____

实训教师评价:

_____

_____

▶ 任务四　幼儿意外伤害与急救

案例导学

萌萌和飞飞是某幼儿园大班的同班同学。一日,教师王某带领幼儿到户外活动,在排队时,王老师一再交代："小朋友排队下楼梯时,不要拥挤、打闹。"下楼梯时,飞飞站在萌萌的身后,两人均在队尾,趁队伍行走拉开距离时,二人嬉闹,萌萌背飞飞时摔倒,导致飞飞的左股骨中段发生斜形闭合性骨折。

学习目标

了解护理相关知识,能够学以致用,掌握常用护理方法和急救技术。

任务描述

掌握常用的护理方法和急救技术。

任务分析

通过该任务的学习,掌握意外事故的处理方法,保证幼儿的安全。

任务准备

了解安全意外事故发生的原因,提高安全意识,组织好幼儿的生活,注意一日生活中各个环节的安全。

知识准备

一、摔伤

幼儿阶段是幼儿生长发育的关键时期,由于自身的和外部的因素,极易导致摔伤。

1.摔伤的原因

幼儿的骨骼中胶质多、石灰质少,骨骼不如成人那么硬。在日常活动中,除幼儿本身的危险动作外,由于幼儿的不当行为引起的摔伤事故也时常发生,如幼儿的互相推拉、追跑、打闹等,常常由于掌握不好轻重而将对方弄伤。还有一些则是教师对幼儿生活照顾得不细致造成的,如幼儿鞋带散了,走路时踩在脚底下绊倒了,造成摔伤等。

2.摔伤后的处理

摔伤后,首先要判定伤口的深浅和严重程度。如果是比较浅的伤口,可以在家里自行处理,可用生理盐水、过氧化氢溶液、碘伏、酒精等清洁、消毒伤口,然后进行敷贴包扎。如果是比较大、比较深的伤口,一般要及时就医,进行清创处理。

(1)清洁、消毒:可先用生理盐水清洗伤口,然后使用过氧化氢溶液或碘伏消毒伤口创面,伤口周围用酒精擦拭。建议使用过氧化氢溶液棉球在伤口表面进行多次涂擦,把灰尘去除,不要马上用纱布覆盖,也不要随意外涂云南白药或者抗生素药粉,防止造成过敏。另外,也不建议在伤口涂上红药水或者紫药水,不利于后期观察伤口的变化。

(2)敷贴包扎:伤口清洁、消毒后通常使用含有银离子的抗菌敷贴进行包扎,或者等伤口干燥以后敷上干净的纱布。注意伤口不要碰水,保持局部干燥,防止细菌感染,一般两天换一次药。

(3)清创处理:对于比较大或比较深的伤口,可用一块干净的毛巾或者纱布压住创面,然后及时就医,一般会采取清创处理,给予局部消毒、清创,必要时还需进行局部缝合,有时可能需要注射破伤风抗毒素。

伤口愈合期间,建议幼儿清淡饮食,避免进食辛辣、刺激的食物,防止造成伤口感染,一旦出现伤口愈合不良,或局部的红、肿、热、痛等症状,应及时就医。

二、异物进入体内

1.幼儿气道异物的易发因素

①牙齿发育不全;②喉保护性反射功能不全;③咳嗽能力较弱;④含物品不良习惯(儿童好奇心);⑤进食时哭笑或玩耍;⑥家长或教师对危险物品监管不力;⑦其他因素(如医源性)等。

2.处理

没有紧急手术条件时,可通过海姆立克法(大于1岁)或拍背法(小于1岁)缓解异物造成的窒息,为急救争取时间。

(1)救护者站在患儿身后,从背后抱住其腹部,双臂围环其腰腹部,一手握拳,拳心向内按压于患儿的肚脐和肋骨之间的部位;另一手捂按在拳头之上,双手急速用力向里向上挤压,反复实施,直至阻塞物吐出。

(2)可将患儿骑跨并俯卧于抢救者胳臂上,并将胳臂放在自己的大腿上,容易使胳臂固定而不摇动,患儿头要低于躯干,急救者的手握其下颌固定头部;急救者用另一只手掌根部仅用手腕的力量,用力拍击患儿两肩胛骨之间的背部4～6次,注意叩击时用力不可过猛,以免造成外伤。

(3)将患儿取仰卧位,抱持于急救者手臂弯中,头略低于躯干。急救者用两手指按压两乳头连线与胸骨中线交界点下一横指4～6次。以每秒1次的速率快速按压,若不见异物排出,可重复以上急救动作。叩击肩胛区或胸部手指猛压,都可在瞬间增加胸腔内压力,造成人工咳嗽,从而迫使气管内产生一股强大气流,将异物顶出呼吸道。

3.预防

(1)首先应教育儿童不要养成口内含物的习惯。

当幼儿口中含有食物的时候,不要引逗他们哭笑、说话,应耐心劝说,使其吐出,不可打骂,以防幼儿将食物吸入气管。如果幼儿已经哭闹,不能再硬逼其进食,否则容易导致异物进入呼吸道。教师应将幼儿容易吸入的小物品放在他们拿不到的地方。

(2)呕吐处理。

幼儿呕吐时,应该把他的头偏向一侧,使他容易吐出,免得吸入气管。

(3)咽部异物处理。

如幼儿咽部有异物,绝不可用手指挖取,也不可用吞咽大块食物的方法将异物压下去,应设法诱其吐出。

(4)幼儿勿食容易引起咳呛的食物。

3岁以下幼儿应尽量少吃干果、豆类,家长及保育员平时对幼儿应多加注意,不要给予其瓜子、花生一类的食物。

三、烫伤

烫伤是指单纯由热液体、蒸气、火焰等高温所造成的热烧伤,幼儿由于好奇心强,对危险因素的认知能力不足,在日常环境中存在危险因素时容易发生烫伤意外,重者可造成局部和全身严重伤害,甚至使患儿致残、致死。

预防幼儿烫伤应加强卫生宣传,教育幼儿要远离危险,提高父母和保育人员对烫伤事故的警惕性。加强防范措施,如热水瓶等对幼儿具有危险性的物品应放在幼儿碰不到的地方,这些地方要加护栏,洗澡时要先放冷水再加热水,以防幼儿烫伤等。

四、中暑、冻伤

1.中暑

一般情况下,幼儿中暑的急救方法包括避免高温环境、补充水分、物理降温、药物治疗等。具体分析如下。

(1)避免高温环境:首先应该将幼儿尽快抬离温度比较高的环境,将其带至阴凉、干燥、通风的环境中,避免暑热继续侵袭人体。应该尽快将幼儿的衣扣解开或者脱掉衣物,有利于降低机体温度。

(2)补充水分:幼儿中暑一般是长时间处于高温环境下,饮水量较少导致的。此时应该及时给幼儿少量多次补充水分,能够降低幼儿身体的温度,起到促进身体代谢的作用。但应该注意不能喝饮料、可乐等饮品,避免刺激脾胃,引发呕吐、恶心,加重身体不适反应。

(3)物理降温:可以用湿冷毛巾擦拭幼儿额头、脖颈、腋下、腹股沟等位置,通过身体血液的循环带走过多热量,降低幼儿的体温。

（4）药物治疗：应该在医生指导下服用藿香正气水等药物进行治疗，可以起到防暑降温的作用，有利于缓解中暑症状。

2.冻伤

幼儿冻伤了，主要根据幼儿冻伤的轻重程度，给予对症处理。

冻疮容易发生于深秋或初冬的季节，是因为幼儿的皮肤暴露于寒冷或高湿的环境，导致皮肤冻伤。如果幼儿皮肤表面发红，没有出现皲裂、渗出等情况，则需要注意皮肤的防寒保暖，避免冻伤进一步加重。教师或家长可以帮助幼儿做好皮肤的清洁，在医生指导下给予冻疮膏外用涂抹，有利于幼儿皮下的血液循环，能促进冻伤的恢复。

个别幼儿冻伤的情况比较严重，比如皮肤已经破溃，需要到医院通过局部红光照射，可以使冻疮快速恢复。

五、触电

幼儿触电以后应采取以下办法救治。

（1）幼儿触电以后应在第一时间让幼儿脱离所接触的电源。如果电线还在幼儿身上缠绕，这种情况可以用绝缘棒将电线挑开。

（2）幼儿触电以后如果出现呼吸、心跳停止，应进行心肺复苏术抢救。

（3）幼儿触电以后如果基本生命指征平稳，应及时送往医院进行救治，在医院要对幼儿触电的伤口仔细检查探明，再采取对应的办法救治。

六、溺水

幼儿溺水是一种比较严重的情况，需要及时对其进行救治。幼儿溺水的急救方法有及时将幼儿救离水域、清理呼吸道异物、人工呼吸等，具体分析如下。

（1）及时将幼儿救离水域：如果幼儿溺水，可能会导致幼儿在很短的时间内失去生命，因此需要及时将幼儿救离水域，再进行下一步急救，以免出现严重的后果。

（2）清理呼吸道异物：将幼儿救离水域后，要及时将幼儿呼吸道中的异物清理出来，以免影响到幼儿的呼吸。一般情况下，可以采用胸外心脏按压、拍背等方法促使幼儿排出呼吸道中的异物。

（3）人工呼吸：如果将幼儿呼吸道中的异物清理干净后，幼儿仍有呼吸困难的症状，可对幼儿进行人工呼吸，将幼儿的呼吸引导至正常的状态。

七、鼻出血

幼儿鼻出血可以选择压迫止血的方式，另外也可以采取冰敷的方法，同时还可以选择棉球填塞的方式,如果鼻出血比较严重,还需要做局部填塞止血。

(1)压迫止血:幼儿鼻出血可能是由于鼻腔黏膜过于干燥导致鼻腔黏膜破损。教师或家长可以用拇指和食指压迫幼儿鼻翼两侧,从而可以起到止血的效果,但尽量不要把幼儿的头向后仰,以免导致血液进入口腔。

(2)冰敷:在压迫鼻翼两侧的时候,教师可以用冷毛巾对幼儿鼻子和额头的部位进行冰敷,能够促进血管收缩。

(3)棉球填塞:如若幼儿鼻出血比较严重,教师也可以用棉球将幼儿的鼻孔填塞,也可以达到止血的目的。

(4)局部填塞止血:幼儿如果长时间出现流鼻血的现象,教师需要及时带幼儿去医院进行血常规以及凝血功能检查,然后通过鼻腔局部填塞止血的方法对幼儿进行治疗。

任务 评价

学生自评:

_____

_____

_____

授课教师评价:

_____

_____

_____

实训教师评价:

_____

_____

_____

思考 与练习

幼儿中暑的处理方法有哪些?

任务五　肥胖、体弱幼儿的护理

案例导学

小李小朋友这一学期体重有些超标,在全园集体查体中,被评为肥胖幼儿,我们观察分析了小李的一些生活情况,发现他平时饭量很大,不挑食,胃口特别好,而且特别喜欢吃肉食、甜食等热量高的食物;平时不太喜欢运动,也不爱劳动;在家里基本不运动,最感兴趣的活动就是看书、看电视等。针对他的情况,我们如何对他进行护理?

学习目标

了解肥胖、体弱幼儿产生的原因;掌握肥胖、体弱幼儿的护理方法。

任务描述

对肥胖和体弱幼儿进行护理,并掌握干预的措施。

任务分析

通过分析幼儿肥胖、体弱的原因,采用运动干预、饮食干预、治疗干预的方式,提高幼儿的身体素质。

任务准备

查阅幼儿肥胖、体弱的相关资料并进行整理记录。

知识准备

一、幼儿肥胖的原因、危害和干预措施

1. 幼儿肥胖的原因

幼儿肥胖的原因主要有以下几方面。

第一,营养过剩,过多地摄入高热量、高脂肪、高蛋白的食物,导致大量的甘油三酯在体内蓄积从而导致孩子出现肥胖。

第二,遗传因素,肥胖症大多会有一定的家族遗传史,如果父母都是肥胖的人,子女出现肥

胖的概率可能达到70％以上。

第三,孩子缺乏运动,孩子进食之后不运动,体内代谢旺盛,也会导致孩子肥胖。

第四,一些疾病的因素,比如孩子中枢神经系统调节失衡,导致体内摄入的营养过多,超过体内的需求也会导致孩子肥胖。

2.幼儿肥胖的危害

幼儿肥胖会产生较大危害,相关数据显示,如果幼儿肥胖没有防控好,70％～80％会延续到成年期,成年期肥胖与心血管疾病、糖尿病相关,幼儿肥胖的短期危害具体如下。

(1)肥胖会使患儿自我形象受到影响,可发展成行为问题、心理问题,如不合群、体育成绩差,从而产生自卑感。

(2)肥胖还会产生较多并发症,如非酒精性脂肪肝病,肥胖为慢性肝病最常见病因,会导致肝功能变差,可发展为肝纤维化、肝硬化,进而影响身体健康。肥胖还可能影响脂代谢,发生高脂血症,影响心血管健康,对身体造成较大危害。

3.幼儿肥胖的干预措施

幼儿肥胖的干预方法有运动干预、饮食干预、治疗干预等,根据不同的情况有不同的干预方式。

(1)运动干预:有的幼儿是由于缺乏运动导致的肥胖,建议在平时要适当地进行运动锻炼,坚持锻炼可以消除身体多余堆积的脂肪,这样可以达到减轻体重的效果。

(2)饮食干预:饮食上要注意避免摄入油炸、油煎、烧烤等油腻食物,还要减少糖的摄入量,可以多吃一些粗粮来增强自身的饱腹感,帮助肠道蠕动;可以多吃一些新鲜的水果蔬菜,注意荤素搭配。

(3)治疗干预:如果是一些代谢类疾病导致肥胖,比如甲状腺功能低下、胰岛素瘤等疾病,要及时通过治疗的方法进行干预,建议去医院查清病因,之后再进行针对性的治疗,这样才能有效地干预身体肥胖。

二、体弱幼儿的护理

实行体弱幼儿分项管理制。

1.对佝偻病幼儿的管理

教师应带领幼儿进行户外活动,保证幼儿每天晒太阳不少于2 h。

2.对营养性缺铁性贫血幼儿的管理

(1)对轻度贫血患儿建立登记,要有复查日期、血红蛋白数值及恢复正常的记录。

(2)合理安排幼儿膳食内容,食物内容力求多样化。

(3)供给幼儿足够的动物蛋白、豆制品、绿色蔬菜和水果,平衡他们的膳食。

（4）注意培养幼儿良好的饮食习惯，及时纠正幼儿偏食、挑食等不良饮食习惯。

（5）带幼儿及时体检。

3. 对反复呼吸道感染幼儿的管理

（1）定期进行统计，筛出反复呼吸道感染儿童，登记在《体弱儿童及肥胖儿童登记册》上，进行专项管理。

（2）按计划做好预防接种。针对病因进行分析，采取相应措施，抓好疾病的防治工作，提高机体免疫力，增强幼儿体质。

（3）带幼儿进行户外锻炼，增强幼儿体质，根据季节对室内每天开窗通风，保持空气清新。

（4）根据气候变化给幼儿适当增减衣服，培养幼儿良好的饮食习惯，纠正其偏食、挑食等不良饮食习惯。

4. 对感染性腹泻幼儿的管理

（1）提醒幼儿饭前便后用清水和香皂洗手，注意饮食饮水卫生，不喝生水。

（3）做好腹泻幼儿的消毒隔离工作，防止疾病的传播。

（4）幼儿的饮食应清淡有营养，以消化的流食或半流食为主，根据病情给予药物治疗。

（5）对于反复感染的幼儿除给予生活照顾外，可服一些药物增强其机体的免疫力，每月复查一次。

5. 对先天性心脏病幼儿的管理

（1）园内患有先天性心脏病的幼儿在实施手术根治前均作为管理对象。

（2）加强生活各环节的护理，根据幼儿的情况来决定活动量、活动强度及时间。

（3）根据规定对幼儿及时进行预防接种。

6. 对癫痫幼儿的管理

幼儿园在入托体检时发现幼儿有此病一般不收入托，但由于家长有特殊困难，也可收入幼儿园，此类幼儿入托后要进行专案管理，需做到以下几点。

（1）建立体弱幼儿登记卡。

（2）密切与家长联系，详细询问幼儿的情况，采取相应的措施。

（3）督促幼儿按时服药，保证定期复查。

（4）保教人员要关心爱护幼儿，不歧视幼儿。

7. 对营养不良幼儿的管理

（1）建立体弱幼儿专案管理。

（2）对低体重儿童病因进行分析（如是否患有急慢性疾病或其他疾病，食物选择调配是否合理，有无不良饮食习惯等），并与家长取得联系，采取相应的治疗方法。

（3）每月对幼儿进行体重测量，认真记录，及时给家长反馈。

（4）有针对地对幼儿进行营养指导。

（5）转诊：对需要进行临床治疗及半年内连续 3 次体重不标准者，可转诊至医疗保健机构。

（6）结案：直至该儿童营养不良得以完全纠正为止。

任务 评价

学生自评：

_____

_____

_____

授课教师评价：

_____

_____

_____

实训教师评价：

_____

_____

_____

思考 与练习

对经常生病、体弱的幼儿如何进行护理？

▶ 任务六　幼儿心理健康教育

案例 导学

小阳，5 岁，是一名可爱的小男孩，有较强的记忆力，学知识很快。孩子父母工作较忙，他从小跟奶奶一起生活，老人对孩子无微不至、百依百顺。在幼儿园，小朋友不小心推了他，他就放声大哭；别人拿了他的玩具，他也哭；午睡起床衣服穿不上了，他也哭。在班里，他总是自己坐在角落里，不和其他小朋友交流，也不肯参加班里的活动。

学习目标

掌握心理健康的含义,了解学前儿童心理健康的指标,分析促进儿童心理健康的措施。

任务描述

了解心理健康的指标,学习对不良心理行为的干预方法。

任务分析

通过该任务的学习,能够了解心理健康的指标,能对儿童的不良心理行为进行观察,并采用合适的干预方式,从而促进幼儿的健康成长。

任务准备

了解班级幼儿的整体情况,学习心理健康方面的相关知识。

知识准备

一、什么是心理健康?

心理健康又称心理卫生、精神卫生、精神健康,是研究关于保护和增进人的心理健康的心理学原则、方法和措施。心理健康有广义和狭义之分。狭义的心理健康,目的在于预防精神疾病的发生。广义的心理健康,则以促进人们的精神健康,发挥更大的精神效能为目标。

心理健康从内容上大体可分为个体心理健康和群体心理健康两个方面。个体心理健康是指一个人从出生到死亡不同年龄阶段的心理卫生;群体心理健康是指不同群体的心理卫生。总的目标是促进人们的精神健康,预防心理、精神方面的各种疾病的发生。

二、学前儿童心理健康的指标

心理健康与否总是有它的评判标准,下面谈到的儿童心理健康的指标是"理想"的指标。每个儿童都可能有这方面或那方面的不足,我们可以把心理健康的指标看成是培养儿童应努力达到的目标。

1.智力发展正常

心理学领域把智力看作是以思维力为核心的,包括观察、注意、记忆、想象、思维等各种认知能力的总和,它是个体摄取外界多样化的信息,将其作为知识而加以系统化的过程。正常的智力水平是儿童与周围环境取得平衡和协调的基本心理条件。智力的高低是先天遗传和后天环境共同作用的结果,智力以先天素质为物质基础,在人与环境的交互作用中得以发展。

在儿童的发育过程中,儿童处理外部信息的内部系统也在发展变化。智力发展大体规律和表现是一致的,当然,日常生活中也确实存在智力超常的儿童。

2.情绪稳定,情绪反应适度

人们在关注 IQ 的同时也重视 EQ 的发展。个体的情绪情感也就成了衡量心理健康的指标。心理健康的儿童"身在福中知福",快乐、乐观。面对委屈、痛苦、挫折,能合理地宣泄不良的情绪。

3.乐于与人交往,人际关系融洽

学前儿童的人际关系虽然比较简单,但是,心理健康的儿童乐于与人交往,也希望通过交往获得别人的信任和尊重。

4.行为统一和协调

学前儿童有意注意的发展和思维的完善,使他们的言行统一协调了起来,可以促进他们情绪情感的表达。

5.性格特征良好

性格是个性的最核心、最本质的表现,它反映在对客观现实的稳定态度和习惯化了的行为方式之中。儿童个性的形成是在一定的社会文化环境中通过主体的不断内心过程而逐渐形成的。由于儿童个性还未定型,故容易受到社会文化环境中的各种消极因素的影响,从而导致其个性发育受到损害,发生人格的偏离。因此创造良好的环境,尤其是心理环境,从小注重儿童个性的培养,是保证儿童健全人格的重要前提。

三、心理健康的影响因素

1.遗传

遗传一般是指亲代表达相应性状的基因通过无性繁殖或有性繁殖传递给后代,从而使后代获得其父母遗传信息的现象。遗传可以体现在很多方面,如身高、体重、皮肤、五官、个性、气质等。

2.先天环境

孕育环境对幼儿的心理健康有着很大的影响,孕妇的健康程度、营养、情绪等都可能通过母亲的子宫传递给胎儿,如幼儿的多动症可能都和孕妇高血压、肾炎、贫血、关节炎、低热和感冒有关。

3.家庭

①家庭结构。家庭中的成员对幼儿的影响很多都是无形的、潜移默化的。有人曾对 1095

名中小学生的家庭进行调查,发现生活在父母至少缺一方的中小学生,有心理健康问题者占13.8%,而完整家庭中有心理健康问题的孩子占0.2%,可见,家庭结构不完整对幼儿心理产生着重要影响。

②家庭教养方式。家庭教养对幼儿心理健康有着最直接、最明显的作用。一般研究者把家庭的教养方式分成三类,第一类是权威型教养方式,采用这种方式的父母在子女的教育中表现得过于支配,儿童的一切都是由父母来控制的,在这种环境下长大的儿童容易形成消极、被动、依赖、服从、懦弱,甚至不诚实的人格特征。第二类是放纵型教养方式,采用这种方式的父母对儿童过于溺爱,让儿童随心所欲,对儿童的教育有时达到失控的状态。在这种家庭环境中成长的儿童多表现为任性、幼稚、自私、野蛮、无礼、独立性差、唯我独尊、蛮横无理等。第三类是民主型教养方式,父母与儿童在家庭中处于一种平等和谐的氛围中,父母尊重儿童,给儿童一定的自主权和积极正确的指导,幼儿容易形成勤奋、勇敢、诚实、自信等心理。

③家长文化素质和心理健康水平。父母是孩子的第一任老师,也是终身学习的榜样,父母的一言一行都让孩子看在眼里、记在心里,父母的文化素质和心理健康水平会潜移默化地熏陶着孩子,父母的知识丰富,就能回答孩子的各种问题,满足孩子的好奇心,保持激励孩子的学习热情。

4. 幼儿园

①幼儿园教育。幼儿园教育是幼儿接受的第一个系统的教育,对幼儿的发展起着至关重要的作用。②教师。教师是幼儿身心发展中的"重要他人"。研究表明,教师的人生观会影响幼儿,教师消极的人生态度,如多愁善感、缺乏主动性、畏惧困难、不能对事情坚持到底,会导致幼儿对人生充满害怕、不安。③同伴关系。大量的研究结果表明,良好的同伴关系是心理健康的必要前提。同伴关系如果和睦、团结互助,幼儿就会乐观、积极、合作、分享、友爱,有益于形成和发展积极的自我概念,学会与别人友好相处,促进合作性行为的发展,为幼儿今后适应社会生活打下良好基础。④幼儿园环境。幼儿园的物质与精神环境对孩子的情绪和行为会产生深远的影响,和谐的师幼关系、同伴关系,清新的空气,整洁与幽雅的环境,适度和谐的色彩与照明,让幼儿感到恬静、安逸;合理、完善的生活作息制度,膳食制度,适当的防病措施与制度等,也对幼儿的心理健康产生着较大影响。

5. 社会

社会是幼儿外在环境的基础,社会风气、舆论导向都会通过家庭、幼儿园直接影响着幼儿,社会的物质基础、文明程度也决定着幼儿心理健康的条件和水平,直接影响着幼儿心理健康教育的发展。

四、学前儿童的各种问题行为及其预防

（一）孤独症

孤独症又称自闭症，是一种较为常见的，对幼儿的社交、语言、感知觉、认知等方面会产生全方位的严重影响的疾病。其产生原因很复杂，可能涉及遗传、病毒感染、疾病、环境污染等。

1.临床表现

（1）语言障碍。

患儿语言发育迟缓、开口说话较晚，有的患儿甚至终生不语。患儿只能机械地模仿别人的语言，对别人的提问不能回答，如别人问："你叫什么名字?"患儿会说："你叫什么名字?"别人叫他的名字，患儿也不会做出应答。有的患儿不会运用代词，把"我的"说成"你的"。说话时很少看着对方，甚至把头扭过去。

（2）社会交往障碍。

患儿无法与他人进行正常的交往，与别人没有目光对视，没有与他人拥抱、亲吻的意愿；不能区分熟人、陌生人，对家人和对其他人的态度是一样的；父母只是患儿生活起居的依赖，并非是情感的依赖；经常独处，不愿意和同伴一起玩耍；看见别的儿童玩游戏，也没有参与的愿望或观看的兴趣。

（3）重复刻板的行为模式。

患儿反复做一些没有意义的行为，如玩弄自己的手掌、反复拍手、转圈等。很多患儿拒绝接受变化，行为刻板，如玩具一定要放在固定的位置，回家要走相同的路线等，一旦这些行为被制止，患儿会出现敌意或反抗行为。

（4）兴趣狭窄、奇异。

患儿对周围事物不敏感，只生活在自己的世界中，对周围环境所发生的事情"视而不见""听而不闻"。对于其他儿童所喜欢的玩具或卡通动画从不关注，反而喜欢一些单调乏味的东西，如会盯着旋转的电风扇看数小时，或对某个电视广告特别表情，经常性地背诵某句广告台词。

（5）智力障碍。

在孤独症儿童中，智力水平发展存在很大差异，少数患儿智力正常，大多数患儿有不同程度的智力障碍。还有一部分患儿甚至在某个领域智力超群，远远超出其他正常人，堪称天才，令人惊叹。关于这一现象，目前心理学界还无法解释。

2.矫正措施

（1）行为疗法。

该疗法源于操作性条件反射理论，对于患儿病态、刻板行为不予关注，更不要制止，对于偶尔出现的意义行为马上给予表扬、鼓励，及时强化，以提高意义行为出现的频率。

（2）宠物疗法。

宠物疗法即给患儿养一些宠物，这种方法是针对患儿的情感淡漠，无法与他人建立亲密联系提出来的，患儿在养宠物的过程中，需要承担起照顾小动物的责任，会逐步培养出他的爱心，使他产生爱的情感。

（3）艺术疗法。

艺术活动可以抚慰人的心灵，宣泄人的负面情绪，如绘画、舞蹈、音乐等，通过观察患儿所绘的图画可以了解他的潜意识内容，成为进一步治疗的重要依据；而音乐可以提高患儿的感知能力，训练他对周围环境的敏感程度，患儿在音乐的激发下所产生的无意识反应也可以反映患儿内心的情感，有利于更好地观察、了解患儿。

（4）游戏疗法。

儿童在游戏活动中，不仅可以得到全身心的放松，游戏对儿童的心理问题还可以起到改善和促进作用。儿童在游戏中可以模拟社会生活领域的真实情景，体验真实的社会生活，培养实际社会生活所需要的生活技能，促进自我社会认知的发展，提升社交能力。

（二）注意缺陷与多动障碍

注意缺陷与多动障碍俗称多动症，指发生于儿童时期，与同龄儿童相比，以明显注意集中困难、注意持续时间短暂、活动过度或冲动为主要特征的一组综合征。多动症是在儿童中较为常见的一种障碍，其患病率一般为 3％～5％，男女比例为 4∶1。

1.临床表现

（1）注意缺陷。

该障碍患儿注意集中时间短暂，注意力易分散，他们常常不能把无关刺激过滤掉，对各种刺激都会产生反应。因此，患儿在听课、做作业或做其他事情时，注意力常常难以保持很久，好发愣走神；经常因周围环境中的动静而分心，并东张西望或接话茬；做事往往难以持久，常常一件事未做完，又去做另一件事；难以始终地遵守指令而完成特定的任务；做事时也常常不注意细节，常因粗心大意而出错；经常有意回避或不愿意从事需要较长时间集中精力的任务，如写作业，也不能按时完成这些任务；常常丢三落四，遗失自己的物品或好忘事；与他/她说话，也常常心不在焉，似听非听等。

（2）活动过度。

活动过度是指与同年龄、同性别大多数儿童比，儿童的活动水平超出了与其发育相适应的应有的水平。活动过度多起始于幼儿早期，但也有部分患儿起始于婴儿期。在婴儿期，患儿表现为格外活泼，爱从摇篮或小车里向外爬，当开始走路时，往往以跑代步；在幼儿期后，患儿表现好动，坐不住，爱登高爬低，翻箱倒柜，难以安静地做事，难以安静地玩耍。上学后，因受到纪律等限制，患儿表现更为突出。患儿上课坐不住，在座位上扭来扭去，小动作多，常常玩弄铅笔、橡皮甚至书包带,与同学说话,甚至离开座位;下课后招惹同学,话多,好奔跑喧闹,难以安静地玩耍。进入青春期后,患儿小动作减少,但可能主观感到坐立不安。

(3)好冲动。

该障碍患儿做事较冲动,不考虑后果。因此,患儿常常会不分场合地插话或打断别人的谈话;会经常打扰或干涉他人的活动;会经常未经允许而抢先回答;会常常登高爬低而不考虑危险;会鲁莽地给他人或自己造成伤害。患儿情绪也常常不稳定,容易过度兴奋,也容易因一点小事而不耐烦、发脾气或哭闹,甚至出现反抗和攻击性行为。

(4)认知障碍和学习困难。

部分该障碍患儿存在空间知觉障碍、视听转换障碍等。虽然患儿智力正常或接近正常,但由于注意障碍、活动过度和认知障碍,患儿常常出现学习困难,学业成绩常明显落后于智力应有的水平。

(5)情绪行为障碍。

部分该障碍患儿因经常受到老师和家长的批评及同伴的排斥而出现焦虑和抑郁,约20%～30%的患儿伴有焦虑障碍,该障碍与品行障碍的同病率则高达30%～58%。与同龄人相比,患有该障碍的青少年在情感上显得较不成熟。而且会较多地伴有对立违抗障碍、冲动、发脾气、吸毒、犯罪等情绪和行为问题。现在已有研究表明,多动症的孩子如不积极治疗很容易导致青少年犯罪。事实上,情绪和行为障碍往往是多动症患儿社会功能损害的一个重要原因。

2. 治疗方法

(1)心理社会性干预性治疗。

心理社会性干预性治疗包括行为治疗、学习辅导、家庭治疗和医护配合等方法。多数治疗方法都必须要专业人员完成,以家庭治疗为例。

家庭治疗:从系统论观点分析,孩子作为家庭系统中的一员,孩子出了问题,反映出家庭中的问题,如亲子关系不正常、家庭教育不科学等。同时,家里有多动症患儿,也常常会导致大人之间的关系紧张。因此,在采取积极的防治措施时,必要时其他的家庭成员也要接受咨询。接受咨询可以使父母学会理解、同情对方,能够相互学习、相互安慰。家庭治疗的目的在于:①协调和改善家庭成员间关系,尤其是亲子关系;②给父母必要的指导,使他们了解该障碍,正确地看待患儿的症状,有效地避免与孩子之间的矛盾和冲突,和谐地与孩子相处和交流,掌握行为矫正的方法,并用适当的方法对患儿进行行为方面的矫正。

(2)父母培训。

通过培训,教给父母如何管理子女行为的方法。给父母解释情绪和行为障碍儿童产生对抗行为的原因,指导其如何关注、表扬儿童,如何纠正儿童的不良行为。使父母能更加理解患儿的需要,更好地对患儿的行为做出适当反馈。父母培训可创造一种长期、持续、有利康复的环境,使儿童能减少对抗行为,逐渐展示他们具有良好行为的能力。

(3)社会能力训练。

社会能力训练包括社会技能、认知技能和躯体技能训练。帮助情绪和行为障碍儿童学会实际社会技巧、正确对待他人、解决好人际关系、相互学习、接受奖励或批评、处理挫折和恼怒等方法。该方法对情绪和行为障碍的远期疗效较好。

(三)攻击行为

1.产生原因

攻击性儿童在认知上一般存在错误,他们对自己的体能优势评价较高,在遭遇不良的心境体验时,不能理性地思考问题,把攻击性行为作为解决问题的唯一手段;还有部分儿童的攻击性行为来自对其他人的模仿。

2.矫正措施

(1)培养儿童的移情能力。

"移情"是指儿童能够站在别人的角度,理解别人的情绪、情感。很多儿童之所以会攻击别人,往往和他的"移情"能力发展不足有关,不能够体验被攻击儿童的无助和恐惧,没有同情心。父母和老师可以通过角色游戏的方式,让儿童感受被攻击时的委屈和伤心,培养他们的同理心。

(2)建立良好的家庭氛围。

父母要建立和睦的家庭氛围,以身作则。不要在儿童面前争吵或发生肢体冲突,以免强化儿童的攻击性行为。夫妻之间相处融洽、其乐融融,会对儿童的心理压力起到宣泄、缓解的作用,降低他们攻击行为发生的频率。

(3)鼓励儿童多参加体育活动。

攻击行为较多的儿童,往往体能过剩,精力充沛。成人可以带领儿童从事一些户外活动,如跑步、爬山、游泳等,在锻炼身体的基础上,消耗他们多余的能量。

(4)让儿童学会用非暴力手段解决问题。

当儿童遇到问题不懂得怎样解决时,就会本能地产生攻击行为。父母和老师应引导儿童遇到问题时通过商量、协商的方式来解决。

任务 评价

学生自评:

_____

_____

_____

授课教师评价：

_____

_____

_____

实训教师评价：

_____

_____

_____

思考 与练习

班级个别幼儿经常有攻击性行为，对这种行为应该如何纠正？

项目八　幼儿园顶岗实习教育教学活动实训

▶ 任务一　集体教学活动的设计与实施

案例 导学

　　教学组长安排实习教师小静在下周一组织一次公开课,小静经过精心的准备,设计好了活动方案。可是在今天的试讲过程中她发现当把实验材料发下去后,不管小静讲什么,孩子们根本不听指挥。这到底是哪里出了问题呢?

学习 目标

　　1.认知目标:了解幼儿园常用的教学方法。

　　2.技能目标:能够根据不同领域的教学内容灵活选择教学方法。

　　3.素质目标:独立完成一次教学活动方案的设计。

任务 描述

　　此部分工作任务分为两部分,分别是掌握教学方法和说课。

任务 分析

　　在教学过程中能够根据教学内容的特点选择适合的教学方法,从而更好地吸引幼儿,组织好教学活动。

任务 准备

　　熟悉《3～6岁儿童学习发展与指南》《幼儿园教育指导纲要(试行)》《幼儿园工作规程》等文件内容,了解幼儿的身心发展特点。

知识 准备

一、教育教学方法

常用的教育教学方法有观察法、参观法、演示法、示范法、范例法、实验法、游戏法、操作法、练习法、谈话法、讨论法、讲解与讲述法等。

1. 观察法

观察法是教幼儿学会在一定的自然环境中，运用视觉、听觉、味觉、嗅觉等感官去认识所选定的观察对象，是幼儿获得感性经验的重要途径。

运用观察法的要点有以下几点。

(1)根据教学目标，组织专门的观察活动。要做好观察前的准备工作，包括确定观察目的、选择观察对象、拟定观察计划、创设观察环境条件。

(2)组织幼儿观察活动前，教师要激发幼儿的观察兴趣，提出明确具体的观察要求，引导幼儿运用多种感官进行观察，获取经验。

(3)在幼儿观察过程中，教师应多用启发性、开放性的提问方式，以适当的手势引导幼儿观察事物的主要特征、细节和变化。

(4)在观察结束时，教师应组织幼儿进行总结性谈话。

(5)运用观察法，重点在于教会幼儿观察事物的方法，即通过有目的、有步骤的观察，让幼儿学会认识事物。

2. 参观法

参观法是教师根据教学目标的要求，组织幼儿到园外去学习的活动。参观能使幼儿通过对实际事物和现象的观察、探究而获得较丰富的直接知识和经验。

运用参观法的要点有以下几点。

(1)参观要有明确的目标。

(2)参观前要做好充分的准备，要取得被参观方的同意。

(3)参观时要特别注意幼儿的安全。

(4)参观后要组织幼儿谈话和讨论，并提供机会和条件让幼儿用各种方式表现自己的所见所闻。

3. 演示法

演示法是指教师在教学中向幼儿出示各种实物、教具、模型进行示范性操作的一种方法。这种方法常与讲述法、谈话法一起使用。

运用演示法的要点有以下几点。

(1)要选择恰当的时机,激发幼儿的兴趣。

(2)使全体幼儿都能看清演示的对象。

(3)辅以简明扼要的讲解和谈话,使演示的事物与所学的知识紧密结合。

(4)演示要技巧熟练、造型准确、程序正确、动作清楚、速度适宜。

(5)演示的时间要短,根据需要可向全班、小组或个人进行演示。

4.示范法

示范法是指教师通过自己的语言、动作所做的教学表演,为幼儿提供具体模仿的范例。

运用示范法的要点有以下几点。

(1)进行示范动作时,要选择好位置,使每个幼儿都能看清楚。

(2)示范动作要慢一些,要清楚准确,并适当加以解释。

(3)进行语言示范时,要声音洪亮、吐字清楚、用词准确、速度适中。

5.范例法

范例法是指按教学要求或者活动目标提供给幼儿一种可模仿的榜样,它是形象的、具体的。在教学过程中,它是指向幼儿出示的各种样品,多用于美工的教学。

运用范例法的要点有以下几点。

(1)范例的难易程度要与幼儿实际水平相适应。

(2)范例要色彩鲜艳、画面清晰、形象突出,具有典型性。

(3)范例要多样化,它有一定的数量,能从不同角度反映事物的面貌,以开阔幼儿的思路,为幼儿的创造性表现提供基础。

6.实验法

实验法是利用一些生活中常见的物品或材料,让幼儿通过自己的操作,进行尝试和探索。

运用实验法的要点有以下几点。

(1)明确目的,精选内容,做足准备。在实验之前,就实验的目的、内容、步骤,仪器的使用和操作要领向幼儿交代清楚。

(2)重视语言指导及教师示范的作用。幼儿独立完成整个实验过程往往有一定难度,所以教师要适时给予指导。

(3)帮助幼儿总结收获。

7.游戏法

游戏法是指教师采用有规则的游戏或以游戏的口吻进行教学的一种方法。

运用游戏法的要点有以下几点。

(1)游戏的内容要健康,要有益于幼儿的身心发展。

(2)根据不同的教学目标和教学内容选择、创编不同形式的游戏。

(3)教师要指导幼儿遵守游戏规则。

(4)教师应根据游戏的内容及形式的不同,采用不同的指导方法。

(5)在游戏中要注意培养幼儿合作、谦让、友爱、互助等优秀品质。

8. 操作法

操作法是指幼儿通过亲自动手操作进行探索,从而获得知识、经验和技能的一种教学方法。操作法包括示范性操作、探索性操作、巩固性操作等形式。操作可以是个体的,也可以是集体的,常结合游戏、练习等方法使用。

运用操作法的要点有以下几点。

(1)明确操作的目的。

(2)为幼儿提供充足的操作材料,一般一人一份。

(3)给幼儿充足的操作时间去摆弄物体,去思考和探索,以达到操作的目的,充分发挥教具、材料的作用,切忌走过场。

(4)在幼儿动手操作之前,应向幼儿说明操作的目的、要求和具体的操作步骤、方法。

(5)在幼儿操作的过程中,教师要观察幼儿的操作情况,及时发现问题,引导幼儿积极思考和探索。

(6)操作应根据不同的教学内容及不同年龄的幼儿提出不同的要求。

9. 练习法

练习法是指在教师的帮助、辅导下,通过多次重复的练习,幼儿能够熟练地掌握知识和技能的一种方法。它是巩固新知识,形成技能技巧和习惯的基本方法。

运用练习法的要点有以下几点。

(1)使幼儿明确练习的目的、任务和具体要求,在理解的情况下自觉练习。

(2)练习应伴随讲解和示范。

(3)根据练习材料的性质和幼儿的年龄特点,适当分配练习的难度、次数和时间。

(4)练习的方式要多样化,避免单调、乏味的重复。

(5)练习中要先求正确后求熟练,逐步提高要求,及时评价指导。

(6)加强个别辅导,对能力差的幼儿要多给予练习的机会和具体的帮助。

10. 谈话法

谈话法是指教师通过口头问答的形式,启发幼儿积极思维的教学方法。

运用谈话法的要点有以下几点。

（1）要在幼儿已有的知识经验基础上进行。

（2）所提的问题须经过周密思考，要围绕主题，紧扣教学目的，富有启发性，既要面向全体幼儿，又要照顾个别幼儿的水平。

（3）问题要有逻辑性。

（4）培养幼儿回答问题的能力和良好的习惯。

（5）教师要注意耐心倾听幼儿的回答，及时肯定、补充，做出明确的结论。

11.讨论法

讨论法是幼儿在教师的指导下就某个问题交换看法、互相启发的一种教学方法。这种方法的优点在于，可以照顾到全体幼儿，从而培养他们的合作精神，激发幼儿的学习兴趣，提高幼儿学习的主动性和积极性。

运用讨论法的要点有以下几点。

（1）讨论的问题要具有吸引力。

（2）讨论时，要善于启发引导幼儿自由发表意见。

（3）讨论结束时，教师应进行小结，概括讨论的情况，使幼儿获得正确的观点和系统的知识。

12.讲解与讲述法

讲解法是指教师运用口头语言向幼儿说明、解释事物或事情。讲述法是运用语言向幼儿叙述事实材料或描绘所讲的对象。通常将讲解与讲述结合起来使用。

运用讲解法的要点有以下几点。

（1）讲解要抓住重点、难点和关键，深入浅出，必要时可适当重复讲解。

（2）教师讲解的语言要准确、清晰、简练、形象、生动、通俗易懂，符合幼儿的理解能力和接受水平，能引起幼儿的兴趣。

（3）讲解要条理清晰，便于幼儿记忆。

运用讲述法的要点有以下几点。

（1）讲述的语言要正确、生动、形象、富有感情，能引起幼儿的兴趣，如语言的速度、语音的变化、感情的色彩等。

（2）讲述要简明扼要、重点突出。

（3）讲述之前，教师要交代清楚讲述的要求；讲述的过程中，教师应围绕讲述对象进行讲述。

（4）教师要注意倾听幼儿的讲述，及时给予鼓励和必要的帮助。

二、说课

说课是指教师用口头方式来表述具体的教学理论，完善教学的过程，对于幼儿教师而言，这是一项基本的幼儿教学技能。

1.依据《幼儿园教育指导纲要（试行）》分析活动内容、分析幼儿

教师必须根据《幼儿园教育指导纲要（试行）》的要求，分析内容的重点、难点、情感态度教育点，以及学习类型、旧知与新知的联系等。

幼儿是学习的主体，教师要想在教学过程中让幼儿发挥他们的主体作用，实现教与学的和谐发展，就要从幼儿的认知水平结构、各种能力水平、思维方式等方面作出详细的分析，达到预期目的。

2.说明活动目标的确立和实现活动目标的基本思路

活动目标是指教学活动的主体在具体教学活动中所要达到的预期结果。确立活动目标，要从以下三方面进行整体设计，建立目标体系。

（1）确立情感态度目标：通过学习，幼儿应养成良好的情感态度和审美观。

（2）确立能力目标：通过学习，幼儿在身心发展，如能力、意志、性格、体力上要达到一定的标准。

（3）确立知识、技能目标：通过学习，幼儿在基础知识和基本技能上达到一定的标准。

3.说明突出教学重点、突破教学难点的策略

一般来说，教学重点是活动内容、知识结构中带有共性的知识和概括性强的知识，教学重点除知识重点外，还包括能力和情感的重点。

4.说明优化教学过程结构的设想

说明教学过程，就是说明构思整个教学过程的总体指导思想，说明教与学两种活动有机结合的设计及其理论依据，说明教学程序的设计及其合理性，说明教学媒体的选择等。在学习方法的选择上要充分考虑幼儿的自身因素与情境因素，如分析幼儿的认知基础、心理特征及对学习内容的可接受性，分析幼儿思维方式与学习习惯对该内容的适应性等。

5.说明教学方法的选择和教学手段的使用

教师应根据活动内容、幼儿实际、教学条件等选择设计教学方法。教师在说课时要说明选择某种教学方法或综合运用几种教学方法的依据、作用等，阐明其价值性。

在教学手段的选择上，教师应由单一媒体的教学转变为采用现代化的多媒体教学。

6.说明将要达到的教学效果

教师在说课时，要对幼儿的认知、智力、能力、思想品德、身心发展等作出具体的、可能的预测，作出教学评价与教学反馈。

任务 实施

1.以"过春节"为主题,设计一个详细的活动方案。要求:活动方案过程完整、规范,在方案中标注使用的教学方法。

2.以"过春节"为主题,进行说课。要求:过程完整,具有反思性。

任务 评价

学生自评:

_____

_____

_____

授课教师评价:

_____

_____

_____

实训教师评价:

_____

_____

_____

_____

工作 任务书

请记录四次幼儿园集体教学活动。

执教教师		班级		时长	
领域			活动名称		
活动目标					
活动过程记录					
意见反馈	1.目标达成情况: 2.环节设计情况: 3.下一步努力方向:				

执教教师		班级		时长	
领域			活动名称		
活动目标					
活动过程记录					
意见反馈	1.目标达成情况： 2.环节设计情况： 3.下一步努力方向：				

执教教师		班级		时长	
领域			活动名称		
活动目标					
活动过程记录					
意见反馈	1.目标达成情况： 2.环节设计情况： 3.下一步努力方向：				

执教教师		班级		时长	
领域			活动名称		
活动目标					
活动过程记录					
意见反馈	1.目标达成情况： 2.环节设计情况： 3.下一步努力方向：				

▶ 任务二　区域活动的设计与实施

案例导学

区域活动开始了,上周一直很热闹的美甲店,这周生意有点冷清。只有美美一个人在店里,她摆弄着手里的工具,时不时看着外面热闹的超市。这时实习教师丽丽走进店,对美美说:"我今天想做个不一样的指甲,你看这种图案的指甲你会吗?"美美一看有客人来,一下子开心了起来,她开始给丽丽老师设计美甲,这时吸引了不少幼儿来到美甲店。

实习教师丽丽的做法对吗? 她在区域活动中是以什么身份出现的?

学习目标

1.认知目标:了解区域活动中常见问题。

2.技能目标:能够根据幼儿园班级的具体情况设计区域活动、投放材料。

3.素质目标:能够为幼儿自主学习和游戏提供适宜的环境。

任务描述

此部分工作任务分两部分,分别是幼儿园区域活动的设计和评价。

任务分析

通过对幼儿园区域活动的学习,了解目前在区域活动中常见的问题,从而改进幼儿园区域活动。

任务准备

熟悉幼儿园的区角,能够合理设计区角布局。

知识准备

一、区域活动的概念

区域活动来自美国 High Scope 教育研究机构的高瞻课程,该课程以关键经验为核心,通过各种活动来帮助幼儿获得关键经验。其中,活动的开展以各个"活动区"为中介,教师在组织活动时有意识地设置活动材料和活动情境,帮助幼儿在活动中学习和发展。

区域活动又称为区角活动,是指教师以教育目标、儿童感兴趣的活动材料和活动类型为依据,将活动室的空间划分为不同类型,吸引儿童自由选择、自主操作从而获得全面发展的过程。简而言之,就是学前儿童在教师准备的环境中进行自由、自主、自选的活动。

二、区域活动的种类

当前,在幼儿园中区域活动的种类繁多,归结起来,可以分为以下三种类型。

1. 常规区域

常规区域是指各个幼儿园都普遍认同和开设的区域,几乎不受地域和年龄的限制,各个班都可以设置,所以被称为常规区域,如角色游戏区、阅读区、美工区、表演区、建构区、益智区等。

2. 特色区域

特色区域即与其他幼儿园不同的、较为独特的区域。区域的特色可以是地域特色,也可以是园本、班本特色,具体体现在空间利用和布置材料投放、活动内容、活动指导上,也可以体现在区域评价等方面。

3. 主题区域

主题区域是指将主题目标、主题活动内容物化在区域材料之中,让学前儿童通过区域的自主活动实现自身发展的区域。主题区域的名称大多采用常规区域的名称,但是区域材料是根据主题目标有针对性投放的,区域活动目标也与主题目标相吻合。

三、区域活动的意义

1. 区域活动的开展能够为幼儿交往提供良好的心理环境

《幼儿园教育指导纲要(试行)》明确指出,幼儿园应为幼儿提供健康、丰富的生活和活动环境,满足他们多方面发展的需要,使他们在快乐的童年生活中获得有益于身心发展的经验;同时,幼儿园教育应尊重幼儿的人格和权利,尊重幼儿身心发展的规律和学习特点,以游戏为基本活动,保教并重,关注个别差异,促进每个幼儿富有个性的发展。幼儿是不同的个体,特别需要教师细心地关注幼儿个体的差异性,并对幼儿进行不同的教育指导,区域活动的设置是自由的、开放的,幼儿可以根据自己的喜好选择相应的区域进行活动,丰富的环境为幼儿提供了探索、求知、交往、合作的机会,使幼儿的欲望得到满足,可以促进幼儿个性化的发展。

2. 区域活动为幼儿提供了协商、合作的机会,有利于幼儿的社会性发展

在幼儿园集体教育中对幼儿进行相互协商、合作教育很重要,区域活动正好提供了一个很好的机会。幼儿在区域活动中扮演着各种角色,他们通过不同角色的扮演,学习不同角色的交

往方式,想象、表现并体会不同的情感。区域活动在一定程度上为幼儿参与社会独立活动奠定了基础。

3.区域活动有助于改变学前教育小学化倾向

《幼儿园教育指导纲要(试行)》中指出,教师应该在幼儿自身的基础上,充分运用环境的影响,着力培养和加强幼儿的创造性。而开展内容丰富、形式多样的区域活动,是实现这一目标的有效途径,让幼儿园教育回归学前教育的本质,让学前儿童获得更多的自由、自主活动的时间,让学前儿童在快乐的童年生活中健康成长。

4.区域活动有助于幼儿自主性、创造性的发展

区域活动备受幼儿的喜爱,原因在于它打破了以往幼儿园教育中存在的"教师教,幼儿学"的灌输式教育模式,重视幼儿个人的自主学习,重视幼儿与环境和材料的相互作用,幼儿可以按照自主意愿,在准备好的区域中自由选择活动材料,并通过操作材料以及人际交往,获得认知、情感、社会性和创造性等方面的发展。在活动区域中,幼儿能够找到属于自己的天地,能够在属于自己的空间里感受、发现和创新。在区域活动中,幼儿的双手和头脑始终处于积极的状态,在自己的小天地里探索、操作,获得了更宽广的交往天地,精神得到了愉悦。

四、区域环境创设的基本原则

1.目标性原则

区域环境是教师"有准备的环境"。教师应高度重视区域环境创设,围绕学前儿童发展目标确定区域、布置环境、投放材料。

2.全面性原则

全面性原则指的是在设置区域时,不同功能的区域要设置齐全,使幼儿的全面发展成为可能。在贯彻全面性原则时,如果遇到空间、场地有限的问题,教师可以考虑轮流开区、联合开区或开发公共空间,最终使学前儿童全面发展成为可能。

3.科学性原则

科学性原则是指区域的设置要考虑相关物质环境中的各种因素,合理安排区域,最大限度地发挥整体教育功能。在实际教育工作中,教师可从以下方面考虑区域设置的科学性:根据学前儿童的发展特点,选择恰当的区域种类和数量;根据班级空间的特点,合理进行空间分割和布局,避免动区和静区相互影响;根据区域活动对水、电、光等因素的需要,合理确定区域的位置及其相互之间的关系;根据学前儿童的兴趣和发展目标,有层次地投放适宜的操作材料。

4.发展性原则

发展性原则是指每个区域的设置不是静止、一成不变的。教师应根据需要,不断地对区域环境进行改进和调整,并提供更多富有童趣和新意的区域供幼儿选择,以拓展学前儿童的新经验。

具体可以归纳为以下几点。

(1)根据班级近期教育重点调整区域设置。

(2)根据幼儿的兴趣和需要调整区域设置。

(3)根据活动主题的变化调整区域设置。

(4)根据季节、节日调整区域设置。

5.互动性原则

幼儿在区域活动中,通过与他人互动、与环境和材料互动,获取经验,获得发展。整个活动中,幼儿能有效与环境、材料和同伴互动,满足了幼儿积累生活经验的需要。因此,区域环境应引发学前儿童更多的互动活动,实现学前儿童自主游戏、主动探索和学习。

五、区域材料的选择与投放

1.区域材料的分类

对区域活动的材料可以进行如下分类。

1)依据材料功能的不同,将区域材料分为主体材料、辅助材料和工具

(1)主体材料:进行某区域活动时所需要的主要材料,如自然角的植物、构建区的积木、阅读区的图书等。

(2)辅助材料:对区域活动起辅助作用,使活动更加丰富、完善的各种材料,如构建区的动物玩具、汽车模型等。

(3)工具:很多探究活动和操作活动都离不开相应的工具,如种植区的小铲子、水壶,美工区的剪刀、胶带等。

2)依据材料加工程度的不同,将区域材料分为成品材料、半成品材料和自然材料

(1)成品材料:教师为幼儿准备的现成材料,不需要进行加工就可以直接使用。例如,科学区的万花筒、放大镜、磁铁,益智区的拼图、七巧板等。

(2)半成品材料:教师有意识地进行简单的加工后的材料。这种材料经过教师的加工,将教育目标隐含在材料中,留给了幼儿更多的操作和创造空间。例如,可拆绕的毛线团、带纽扣或拉链的娃娃衣服、可用来撕"面条"的各种材质的纸片等。

(3)自然材料:自然材料也称为原始材料,如沙子、扣子、木棍、线、塑料瓶等。

3)依据材料结构的不同,将区域材料分为高级结构材料、低级结构材料

(1)高级结构材料:有固定的结构和相对固定的玩法及规则的一类材料。幼儿只需要按照整个步骤、规则和方法就可以完成材料的操作。

(2)低级结构材料:有较少的规定步骤、玩法和规则,幼儿可以发挥自己的主观能动性,充

分、灵活地操作的材料。

2.如何投放适宜的材料？

有层次地投放材料指的是教师在选择、投放材料时，要预先作好规划和设计，根据预定的目标按照由浅入深、从易到难的要求，分解出若干个与幼儿的能力发展水平相适应的操作层次，使材料细化。

(1)不同年龄阶段，材料投放不同。

(2)同一年龄，不同发展水平，材料投放不同。

(3)同一材料，前后投放不同。

六、幼儿园区域活动组织指导

1.区域活动前帮助幼儿科学选区

选区是指学前儿童在教师创设的自由氛围中，根据自己的兴趣、经验、需要，主动选择去某一活动区进行某一活动的过程。它是学前儿童活动的目的性、计划性的体现，是学前儿童自由活动的开始。

在选区的过程中，可能会存在以下几种问题。

(1)不想选。

在区域活动开始时，幼儿不做出任何选择，面对教师的询问、引导，态度比较冷淡。教师首先要找到幼儿不想选区的原因。如果是幼儿因为某件事而内心不愉快时，教师一定要认真倾听幼儿的想法并适时表示理解，帮助其发泄不良情绪，然后努力转移幼儿的注意力，利用有趣的材料和玩具吸引幼儿，逐步使其产生活动的兴趣。如果是幼儿因为对各种活动不感兴趣而不想选区，这样的幼儿一般性格比较内向、腼腆，不爱说话。教师的态度一定要温和，可以采取建议、提示、邀请等方式，引导幼儿进入区域活动，让区域中的教师及同伴的情绪来影响他、感染他，并留给幼儿足够的转变时间。

(2)不会选。

小班和中班初期的幼儿，其行动的目的性不强，常常不知道自己要干什么、怎么干。如果遇到这种情况，教师首先要给予理解，然后通过提问、暗示、建议、示范等方式来培养幼儿行动的目的性，并在活动中注意通过反复实践使之强化。

(3)只选一个区。

在区域活动中，幼儿每天都会重复选择某一个区域进行活动。针对这样的幼儿，教师可以采取以下几步进行指导。首先，教师应该先静下心仔细观察，了解幼儿为什么只选那一个区。如果是因为幼儿确实对该区感兴趣，且游戏水平在不断提高，教师可以先不去干涉。在适当的时候，教师可以利用幼儿的兴趣引导其参与到其他区域的活动中。其次，如果教师发现幼儿的活动兴趣逐渐降低或者游戏水平一直没有提高,此时,教师应该主动与幼儿沟通,倾听幼儿的需求,询问其是否有新的想法。最后,教师可以根据幼儿的需要加以正确引导,在指导的过程中,应该避免强迫幼儿换区,要运用策略巧妙地来进行引导。

2.区域活动中的有针对性指导

在活动中,教师利用专业知识对观察到的信息进行分析和判断,进而进行有针对性的指导,教师的指导对促进幼儿的主动发展有着重要作用。

区域活动中教师有针对地指导分为以下几个方面。

(1)指导幼儿有目的地参与活动。

有时幼儿已经选择了活动区域,但仍然会在区域中无所事事或者不能开展活动,这是由于幼儿对该区域活动的目的不够明确造成的。此时,教师应该通过询问、建议、暗示、讨论、参与游戏等方法,使幼儿弄清活动的目的。

(2)指导幼儿遵守活动规则。

这里的规则包括一般性规则和游戏本身的规则。一般性规则指的是保证区域活动能顺利开展的、适用于各个区域的基本规则。游戏本身的规则指的是游戏本身的玩法或材料操作的方法、程序等。

(3)指导幼儿使用工具。

在区域活动中,幼儿可能会使用许多工具,教师应引导幼儿认识每种工具的作用和使用方法,使工具更好地为幼儿的活动服务,从而提高活动的效率。对于较复杂的工具,教师可以通过示范教给幼儿正确的使用方法。

(4)指导幼儿如何面对活动中遇到的困难。

区域活动中遇到的各种问题会阻碍活动的顺利开展,教师应该抓住这一教育契机,变困难为教育点,启发幼儿动脑、动手解决问题。一般来讲,教师在这个过程中需要做几项工作:倾听幼儿的问题;明确困难和问题;讨论解决问题的方法;获得一致的解决方案;实施方案。

(5)指导幼儿活动的水平。

在区域活动中,教师指导的最终目的是促进幼儿的活动水平向更高层次发展。因此,教师的指导要落实到幼儿的最近发展区内。根据教育目标、区域的关键经验以及幼儿的行为确定幼儿现有水平,然后把最终要实现的目标通过难度分解,找到离幼儿现有水平最近的发展目标,通过教师的指导,提高幼儿的活动水平。

3.区域活动后指导幼儿收拾整理

在区域活动结束之后,幼儿要对区域材料和环境进行分类、收拾、摆放、打扫。教师在指导幼儿收拾整理材料时,需注意以下几点。

(1)指导收拾整理材料的先后顺序。

很多时候,幼儿喜欢自己动手整理收拾材料,但是由于材料繁多且复杂而无从下手,此时教师应该结合活动材料教给幼儿收拾整理的先后顺序。

(2)指导收拾整理材料的方法。

教师指导幼儿收拾整理材料的方法和技能的关键是把动作分解,并按顺序形成动作序列,这样才能掌握收拾整理材料的方法和技能。

(3)指导幼儿分工与合作。

幼儿的自我意识强烈,只关注自己感兴趣的事情,不会从整体上审视整个区域的材料,因此,在收拾整理材料和环境的过程中,培养幼儿分工与合作的意识和能力是十分有必要的。

4.组织幼儿开展有效的评价

在收拾整理活动结束之后,教师通过集体或小组的形式,组织幼儿交流、分享、讨论区域活动中的操作经验,以梳理、提升经验,促进幼儿的发展。在此环节中,教师要重点解决三方面的问题,即谁来评、评什么、怎么评。

(1)谁来评。

"谁来评"指向评价的主体。本着让幼儿积极参与的原则,在评价中应充分调动幼儿的主动性,促使幼儿通过观察、比较、判断、分析、概括来积极思考、总结经验。对于小班幼儿,考虑到其分析、比较和概括能力较弱,语言表达不完善,需要教师更多地进行引导,从而完成评价过程。对于中大班幼儿,随着年龄的不断增长,其自我意识水平逐渐增强,认知能力逐渐提升,喜欢运用比较、讨论等方式解决问题,教师可以引导中大班幼儿进行自评或互评,促使幼儿在互动中获得发展。因此,幼儿是评价过程的主体。

(2)评什么。

"评什么"指向评价的内容。区域活动的评价主要围绕对区域环境的评价、对区域活动中幼儿的评价和对区域活动中教师的评价三方面进行。

①对区域环境的评价。

一个完整的区域环境包括区域空间的布局结构、区域种类、区域材料和区域标识,这些内容是否科学、合理、适宜是评价区域环境的重要指标。

②对区域活动中幼儿的评价。

幼儿是区域活动的主体,教师在活动中需要对幼儿进行观察和评价。对区域活动中幼儿的评价可以从幼儿的兴趣和参与度,幼儿活动的自主性、目的性和计划性,幼儿的社会性发展水平,幼儿的认知发展水平,幼儿的规则意识和遵守规则的能力等五个方面进行。

③对区域活动中教师的评价。

教师是区域活动中的引导者、观察者、合作者、支持者,对于教师的评价从教师对区域活动目标的定位、对区域材料的投放、在区域活动中的角色定位、对幼儿的观察、对区域活动的反思等方面进行。

（3）怎么评。

"怎么评"指向评价策略的运用。在运用评价策略时应考虑到幼儿直观形象思维的特点，尽量选用直观的方法进行，最终的目的是调动幼儿参与活动的积极性。在实际评价过程中，常常运用作品分析法、录像再现法、情景表演法、讨论法、记录分析法、行为强化法和成果展示法等方法。

①作品分析法。

作品分析法是指教师通过引导幼儿对区域活动作品进行观察、分析和比较，来提升幼儿经验的方法。在放置区域活动作品时，可以选取比较成功的作品，引导幼儿分析它的成功之处，对全体幼儿可以起到示范的作用。也可以选取有问题或未完成的作品，引导幼儿找出问题所在，并分析原因，提出改进建议，对全体幼儿可以起到纠错和提醒的作用。

②录像再现法。

录像再现法指的是教师通过观看幼儿区域活动的录像，并针对其中有价值的片段进行评价的方法。

③情境表演法。

情境表演法即教师通过再现幼儿在区域活动中的表现，引导幼儿进行讨论评价，帮助幼儿整理获得的零散经验，引导幼儿修正错误经验，让幼儿分享成功的喜悦，也可以为下一次活动提出新的要求。

④讨论法。

讨论法是指教师提出有争议的问题，通过引导幼儿表达自己的观点，并与他人的观点进行比较、分析来获得正确认识的一种方法。教师在组织讨论时，尽可能引导幼儿想说、多说，锻炼幼儿的语言表达能力和自我评价能力。

⑤记录分析法。

记录分析法是在区域活动进行的过程中，教师根据观察目的有针对性地记录某些幼儿的行为表现，然后在评价的过程中与幼儿一起交流、分享，以帮助幼儿获得正确的认识。记录时应实事求是、据实记录。

⑥行为强化法。

行为强化法即教师观察到幼儿活动中积极正确的行为，在活动结束时予以肯定与表扬，以强化正确行为的方法。

⑦成果展示法。

成果展示法是指教师请幼儿展示自己的作品，并在展示中获得成功和自信。

任务 实施

观察幼儿园组织的区域活动,进行一次完整的评价,评价指标参照表 7 - 2,表 7 - 3,表7 - 4。

表 7 - 2　区域环境评价表

一级评价指标		二级评价指标	评价层次			
			优秀	良好	一般	较差
空间布局	空间设计理念	空间布局是否站在幼儿的立场进行规划和设计				
		空间设计理念、各个区域空间是不是幼儿喜欢和留恋的				
		空间的功能是否促进幼儿的全面发展				
		动静区是否有效避免了相互影响				
	空间的分割	区域面积的大小是否与幼儿进区人数、活动幅度相适应				
		空间的分制区域的开放和封闭程度与区域功能、幼儿的活动需要是否相适应				
		不同区域之间教育联动的发生是否有益				
	因地制宜开展活动	室内面积有限时,是否通过室内外分组活动满足所有幼儿进区活动的需要				
		是否能充分利用公共空间开展区域活动				
	空间规划要点把握	色彩的选择是否符合幼儿的年龄特点				
		色彩的搭配和运用是否符合美学原则				
		色彩的施色部位及比例分配是否恰当				
		材料质地、造型和结构方式是否在统一中又富有变化				
		地面、墙面、立体空间之间的布置是否协调				
		分割、隔断是否切合了房屋建筑的结构和特点				
		区域空间是否根据幼儿的意愿和需要进行动态变换或调整				
		区域空间的安全性是否有可靠的保障				
区域种类		区域的种类是否涵盖了幼儿全面发展的内容				
		区域的选择是否有明显的年龄差异,符合各年龄段幼儿的需要和发展目标				
		区域的数量是否满足全班幼儿同时活动				
		区域的功能是否支持幼儿新经验的建立和多种能力的发展				

续表

一级评价指标		二级评价指标	评价层次			
			优秀	良好	一般	较差
材料投放	材料选择	主体材料是否承载着区域当前的教育目标,能否为幼儿发展提供支持				
		辅助材料对主体材料的价值发挥是否有支持、补充或延伸作用				
		材料的类别是否齐全				
		材料的数量、种类、配置比例是否符合当前年龄段幼儿的生理特点和活动需要				
		工具的配置是否必要、得当				
		材料的来源渠道是否体现多样化特点				
	材料投放	材料的性质、特点是否与当前年龄段幼儿的兴趣和需要相匹配,是否具有明显的年龄段特点				
		能否有序投放材料,对材料的数量、种类的控制是否科学合理				
		材料的外形及配置方式是否具有趣味性,能引发幼儿专注、持久地进行活动				
		材料投放操作的难易程度是否基于幼儿当前的发展水平,具有不同层次的挑战性,引发幼儿深入地进行活动				
		相同的材料在不同年龄段的目标要求是否具有明显的区别				
		是否对操作熟练后的材料及时进行删减、增加、改进结构或组合拓展				
	材料管理	材料的分类标准是否清楚,是否有固定的容器盛放和固定的位置摆放				
		材料的摆放是否有序,位置关系是否具有内在的教育性和暗示性				
		是否重视幼儿操作材料的良好常规和习惯的培养				
区域标识		材料的整体造型是否鲜明、生动有趣,吸引幼儿的关注				
		图文比例是否恰当,突出区域的主要功能				
		标志符号的暗示和引导意义是否直观简洁,易于幼儿理解和操作,帮助幼儿有序地活动并形成良好的习惯				

幼儿园:＿＿＿＿＿＿＿＿　　评价者:＿＿＿＿＿＿＿＿　　时间:＿＿＿＿＿＿＿＿

表 7-3　对区域活动中幼儿的评价

一级评价指标	二级评价指标	评价层级			
		优秀	良好	一般	较差
幼儿的兴趣和参与度	活动兴趣高低				
	活动过程中的专注度与投入度				
	持续时间长短				
	对活动结果的关注				
幼儿活动的自主性、目的性和计划性	自主性				
	目的性				
	计划性				
幼儿的社会性发展水平	参与群体活动的兴趣				
	在群体活动中的位置和作用				
	相互间的交流和合作				
	对玩具材料的分配和使用				
	发生同伴纠纷的频率				
	解决同伴纠纷的途径和方式				
幼儿的认知发展水平	语言表达水平				
	材料选择的难易程度				
	对材料的创造性使用				
	已有经验的迁移				
	幼儿的作品				
	解决困难的问题和能力				
	对活动结果的反思与评价能力				
幼儿规则意识和遵守规则的能力	是否知道每个区域的规则				
	能否按照规则约束自己的行为				
	被指出违规后是否愿意改正				
	以何种态度对待同伴的违规行为				

幼儿园：_____　　评价者：_____　　时间：_____

表 7 - 4 对区域活动中教师的评价

一级评价指标	二级评价指标	评价层级			
		优秀	良好	一般	较差
对区域活动目标的定位	能否正确定位区域活动与集体教学的关系				
	能否正确定位区域活动与游戏活动的关系				
	能否正确定位区域活动中幼儿的主体性发展与教师的组织指导之间的关系				
在区域活动中的角色定位	材料投放是否有计划性				
	推介材料的方式是否恰当				
	能否根据幼儿的发展随时添加、更新材料				
	是否具有材料价值分析的意识和能力				
对幼儿的观察	是否体现了教师作为组织者、观察者、指导者的角色价值				
	是否体现了教师作为支持者、参与者的角色价值				
	能否放下教师的"权威"充分尊重幼儿的主体地位				
对区域活动的指导	是否有明确的观察目的				
	是否站在客观的立场上进行观察和记录				
	是否将全面观察和个别观察相结合				
	观察方法是否科学、适宜				
	能否充分、科学地运用观察结果				
	指导的内容是否全面				
	指导的介入时机是否合适				
	指导方式和策略是否适宜				
对区域活动的反思	反思是否及时				
	需要反思的内容是否明确				
	是否站在客观的立场上进行反思				
	是否能通过反思促进区域活动的开展				

幼儿园：_____   评价者：_____   时间：_____

任务 评价

学生自评：

_____

_____

_____

授课教师评价：

_____

_____

_____

实训教师评价：

_____

_____

_____

思考 与练习

1.以"过春节"为主题,设计一份幼儿园区域环境布局图(包括室内和室外)。

2.观察幼儿园区域活动组织的过程,记录实施过程,并进行反思。

工作 任务书

请在幼儿园内任选四个区域进行四次详细的观察并记录。

班级		记录日期	
开设区域			
游戏材料			
观察记录			
分析与对策			

班级		记录日期	
开设 区域			
游戏 材料			
观察 记录			
分析与 对策			

班级		记录日期	
开设 区域			
游戏 材料			
观察 记录			
分析与 对策			

班级		记录日期	
开设 区域			
游戏 材料			
观察 记录			
分析与 对策			

▶任务三　幼儿园游戏活动的设计与实施

案例导学

实习教师铭铭在组织幼儿如厕时,听到乐乐对花花说:"刚才王老师带我们玩的数字游戏一点都不好玩,上次我跟我们小区糖豆玩的滚球特别有意思,一会儿休息的时候我们也玩这个好不好?"铭铭困惑了,为什么有的孩子觉得游戏不好玩,有的孩子认为好玩呢? 到底应该怎样来设计游戏呢?

学习目标

1.认知目标:掌握幼儿游戏的特点、分类及作用。

2.技能目标:能够组织和设计幼儿园游戏。

3.素质目标:培养创新意识,增强职业责任感。

任务描述

此部分工作任务分为两部分,分别是游戏活动的设计与实施。

任务分析

通过了解幼儿园游戏的基本概念和分类,能够熟悉游戏的过程,为幼儿提供一个适宜的游戏环境。

任务准备

了解不同年龄段幼儿的游戏发展水平。

知识准备

一、幼儿游戏的特点

幼儿游戏具有以下特点。

(1)幼儿游戏是幼儿自发自愿的活动。

(2)幼儿游戏是愉快的活动。

(3)幼儿游戏是充满幻想和想象的,是虚构与现实的统一。

(4)幼儿游戏具有一定的规则。

(5)幼儿游戏是具有创造性的活动。

二、幼儿游戏的分类

1.创造性游戏

创造性游戏是孩子创造性地反映现实生活的游戏,具体分为以下几种。

(1)角色游戏:主要是让孩子通过模仿和想象,扮演各种角色,创造性地反映个人生活经验的游戏。孩子在玩这种游戏时可按自己的意愿进行活动。这种游戏具有很大的灵活性,无一定程序和模式,也不追求固定结果。

(2)结构游戏:主要是让孩子运用各种结构玩具或结构材料进行构造活动的游戏。这种游戏实际上是孩子的一种操作活动,是一种造型艺术。孩子在游戏中发挥自己的创造力、想象力,如积木游戏。

(3)表演游戏:孩子通过扮演文艺作品中的角色,再现文艺作品内容的游戏。

2.规则游戏

规则游戏是由教师根据教学要求为发展幼儿各种能力而编制的游戏,因此也称教学游戏。这类游戏一般包括游戏的目的、玩法、规则和结果四个部分,其中游戏规则是这类游戏的核心。

(1)智力游戏:主要是用来引起孩子学习的兴趣,丰富知识经验,发展孩子智力、数学能力和语言能力。

(2)音乐游戏:主要是引起孩子对音乐的兴趣,培养孩子的音乐感受力、表达力和创造力。

(3)体育游戏:主要是培养孩子对体育活动的兴趣,锻炼基本动作,增强体质。

三、幼儿游戏的教育作用

1.游戏对幼儿身体发展的作用

幼儿游戏可以促进幼儿身体的发展。游戏使幼儿身体的各器官获得活动,能促进幼儿骨骼肌肉的成熟,锻炼幼儿的运动技能和技巧,还有利于幼儿内脏和神经系统的发育。另外,游戏的愉快体验对幼儿身体健康发展、情绪的愉快发展也有很重要的作用。

2.游戏对幼儿认知发展的作用

游戏可以丰富幼儿的知识,幼儿在游戏中对游戏材料的摆弄、操作,有利于巩固对有关物体性质及物体与物体之间关系的认识,幼儿在与游戏伙伴共同游戏的过程中,有利于获得人与人之间关系的认识。游戏有助于幼儿注意力、观察力、判断力的培养。在游戏中,幼儿会不断地移动、触摸、聆听、观察,这些感官刺激有助于幼儿上述各项能力的发展。此外,游戏还可以激发幼儿的创造力和思考力。

3.游戏对幼儿社会性发展的作用

幼儿在游戏中既有与现实伙伴之间的交往,也有和角色间的交往,这些交往促进了幼儿的社会性发展。幼儿在分工与合作的过程中,逐渐学会了与人相处的技巧,学会了如何尊重他人。游戏都有自己的规则,幼儿在游戏中需要遵守规则才能有机会继续游戏,幼儿在游戏中逐渐学会如何制订规则,甚至会根据自身的理解修改规则,这样有利于幼儿更好地适应社会。

4.游戏对幼儿情感发展的作用

游戏有利于幼儿情感的发展,能够帮助幼儿解决情绪问题,是幼儿表现情感的一种重要方法。幼儿在游戏中往往会全神贯注、无拘无束。幼儿可以在游戏中消除愤怒情绪,也可以在游戏中学会移情,获得愉快的情绪体验。

任务 实施

请设计一个有趣的体育游戏,并在班级内实施。

任务 评价

学生自评:

_____

_____

_____

授课教师评价:

_____

_____

_____

实训教师评价:

_____

_____

_____

_____

思考 与练习

什么是幼儿游戏?请你帮助案例导学中的实习教师铭铭设计一个好玩的游戏。

任务四　幼儿园环境的设计与实施

案例导学

中秋节快到了,实习教师花花准备带着幼儿一起给班里的墙面装饰一下。她准备了泡泡泥、彩纸、蜡笔等材料,对小朋友说:"马上就是中秋节了,大家一起把我们的教室墙面布置一下,好不好? 小朋友自己动手去装饰墙面哦,你可以选择自己喜欢的材料去装饰。"孩子们一开始很高兴,终于可以做手工了,但是要做什么呢? 乐乐跑过去问老师,老师却说:"你喜欢什么就做什么。"乐乐满脸疑惑地走了。经过一下午的布置,墙面贴满了孩子不同的作品,花花老师觉得满满当当,很有成就感。

幼儿园的环境创设应该从哪些方面入手呢? 什么是有益于幼儿成长的幼儿园环境呢?

学习目标

1.认知目标:了解幼儿园环境的特点。

2.技能目标:掌握幼儿园环境创设的原则及基本方法。

3.素质目标:运用所学的相关理论知识结合幼儿园实际,创设有益于幼儿成长的环境。

任务描述

此部分工作任务分为两部分,分别是幼儿园环境的创设和评价。

任务分析

从幼儿园环境的概念与类型入手,探讨幼儿园环境创设的意义,通过本任务的学习,培养理论结合实际的能力。

任务准备

了解幼儿园各个区域的布局与设计原则。

知识准备

一、幼儿园环境的概念与类型

1.幼儿园环境的概念

广义的幼儿园环境是指幼儿园教育赖以进行的一切条件的总和。它既包括幼儿园内部的小环境,也包括与幼儿园教育相关的园外环境;既包括人的要素,也包括物的要素。

狭义的幼儿园环境则专指幼儿园的内部环境,是指幼儿教师与幼儿在幼儿园直接参与并体验到的特定的物质环境与精神环境的总和。

2.幼儿园环境的类型

幼儿园环境按其性质可分为物质环境和精神环境。

(1)物质环境。

广义的物质环境是指对幼儿园教育产生影响的一切天然环境与人工环境中物的要素的总和,包括自然风光、社区绿化、家庭经济条件、居室空间安排、室内装潢设计等。

狭义的物质环境是指幼儿园内对幼儿发展有影响作用的各种物质要素的总和,包括园舍建筑、园内装饰、场所布置、设备条件、物理空间的设计与利用及各种材料的选择与搭配等。

幼儿园物质环境是幼儿园赖以生存和发展的前提条件,是支持幼儿在园活动及幼儿园教学活动的物质基础。物质条件的好坏直接关系到幼儿园的教育质量及幼儿的行为表现,幼儿的年龄越小,对物质环境的依赖性越大。

(2)精神环境。

幼儿园的精神环境是指幼儿园与教师、教师与教师、幼儿与幼儿之间的人际关系及幼儿园的班风、园风等精神氛围。精神环境主要包括文化环境和心理环境,其中集体氛围、活动气氛等可归于文化环境,人际关系、教师的教风和人格特征可归于心理环境。精神环境对幼儿认知、情感与个性品质的形成、发展具有十分重要的作用。

幼儿园的心理环境是幼儿园中的"隐形"环境,虽然难以把握,但对幼儿的影响是显而易见的,尤其对幼儿情感、社会性及个性的形成与发展产生着直接的影响。

二、幼儿园环境的特点

1.环境的教育性

幼儿园环境的教育性是指教师根据幼儿园的教育目标及幼儿的发展特点与需要,有目的、有计划、有组织地运用环境中的各种要素,为幼儿创设出具有教育功能的环境。

2. 环境的可控性

幼儿园环境的可控性是指幼儿园内部环境的构成处于教师的控制之下。

幼儿园环境的教育性与可控性是相互联系、相互作用、相互制约的。环境的教育性为可控性明确了标准和方向，使教师按照教育性要求有效地对环境加以调控；反之，环境的可控性是教育性实现的方法和手段。

三、幼儿园环境创设的原则

根据幼儿教育的原则、任务和幼儿发展的特点提出幼儿园环境创设的原则，它是教师在创设幼儿园环境时应遵循的基本要求。

1. 环境与教育目标的一致性原则

环境与教育目标的一致性原则是指环境的创设要体现环境的教育性，即环境设计的目标要与幼儿园教育目标一致，并符合幼儿全面发展的需要。

2. 发展适宜性原则

发展适宜性原则是指幼儿园环境创设要符合幼儿的年龄特征、个性特点及其身心发展的需要，促进幼儿全面、和谐地发展。

3. 安全性原则

安全性原则是指幼儿园环境创设要保证幼儿园物质材料及幼儿心理安全。

4. 参与性原则

参与性原则是指幼儿园环境创设的过程是幼儿与教师共同合作、共同参与的过程。

5. 开放性原则

开放性原则是指在创设幼儿园环境时，应把园内的小环境与园外的大环境有机结合起来，形成开放的幼儿教育系统，协同一致地对幼儿施加影响。

6. 经济性原则

经济性原则是指创设幼儿园环境时应考虑幼儿园自身实际情况，因地制宜、勤俭办园。

四、营造良好的心理环境

幼儿园内的心理环境与园外环境相比具有隐蔽性的特点，这与幼儿的心理特点有关：一方面，幼儿的心理极其敏感和脆弱，对于教育的理解与成人极为不同，对于成功和失败的承受能力相对较弱；另一方面，保教人员对幼儿的教育更多地体现在生活过程之中，保教人员的一言一行在不知不觉间影响着幼儿的思想和行动。幼儿的情感发展往往是非常复杂的，包括情感的社会化与个别化，情感层次的增加、范围的扩大。若想营造满足幼儿需要的心理环境,需要全面考虑,包括保教人员之间的关系、保教人员与幼儿之间的关系、幼儿之间的关系、园长与师生之间的关系,还包括园长的建园标准、处事作风,幼儿园中其他工作人员的情感、态度、行为等。

五、幼儿园物质环境创设

1.室内环境的创设

幼儿园室内环境的创设主要包括室内区域、家具、墙面以及室内交通的创设。

室内环境的区域创设主要指活动区的创设,活动区是幼儿进行各种室内活动的场地,理想的活动区应具备角色游戏区、积木建构区、科学发现区、图书区、美工区等。

(1)角色游戏区。

角色游戏区是幼儿集中进行角色游戏的活动区,包括餐厅、超级市场、医院、邮局、车站、建筑工地、娃娃家等。

(2)积木建构区。

建构游戏对幼儿的合作交往能力、手眼协调能力和空间建构能力的发展十分有益。

(3)科学发现区。

科学发现区是培养幼儿科学探索兴趣的重要场所。教师可在科学发现区中提供一些能引起幼儿科学兴趣的物品和仪器,如电池、磁铁、凹凸镜、显微镜、望远镜等,或者组织幼儿收集废旧的小家电,让幼儿拆卸组装。

(4)图书区。

在这一区域内,教师可以摆放适合幼儿阅读的图书资料、音像资料,以及易操作的录音机、影碟机、电视机等。

(5)美工区。

美工区是供幼儿开展各种美术活动的场所。通过绘画、手工、欣赏等活动,培养幼儿的想象力和创造力,提高幼儿的审美能力。美工区的设施和材料要满足幼儿各种美术活动的需要。

2.户外环境的创设

幼儿园户外活动区域是幼儿园户外环境的重要组成部分,主要包括玩沙区、玩水区、运动区和种植养殖区。

(1)玩沙区。

玩沙是幼儿喜欢的活动形式之一。在玩沙的过程中,幼儿可以锻炼手部肌肉,提高动作的灵活性、协调性。同时,还可以激发幼儿的想象力和创造力,增强幼儿的合作能力和自信心。

(2)玩水区。

玩水区是专供幼儿玩水的活动场所。教师在设置时,要注意科学性、安全性和趣味性。

（3）运动区。

运动区的场地要保证宽阔平坦,方便幼儿奔跑、攀登或跳跃。运动器械、娱乐设施要丰富、多样,适合不同年龄阶段幼儿的需要。

（4）种植养殖区。

种植养殖区应设在向阳处,避免阴影遮挡,且与建筑物和运动区保持一定的距离。

任务实施

动手设计:对所在班级进行物质环境创设,并写出设计意图及做法。

任务评价

学生自评:

_____

_____

_____

授课教师评价:

_____

_____

_____

实训教师评价:

_____

_____

_____

_____

思考与练习

评价所在幼儿园的环境创设状况。

要求:

1.观察并记录所在幼儿园物质环境创设的状况。

2.分析所在幼儿园物质环境创设中的不足。

3.针对不足,提出整改措施。

工作任务书

在幼儿园中任意选择一个班进行物质环境创设情况观察记录。

填写幼儿园物质环境创设情况观察记录表(表7-5)。

表 7－5　幼儿园物质环境创设情况观察记录表

观察内容	评价内容	实际情况记录	建议
户外环境布置情况	幼儿园独立设置在安全区域内，房舍建筑安全坚固		
	园舍绿化、美化情况良好		
	室外活动器械种类丰富，满足不同年龄幼儿的活动需要		
	有充足的活动场地，地面平整		
	户外区域创设情况		
走廊、楼梯	设置安全、牢固		
	装饰内容丰富，美观，有创意		
	废旧材料利用率高，经济、实用		
室内环境布置情况	室内装饰内容突出主题，具有创造性、时效性、童趣性、教育性		
	桌椅、玩具架配置适当，摆放整齐		
	环境的设计有利于幼儿参与		
	合理利用班级空间环境，有 3 个以上区角设置		
	区域投入材料丰富、数量充足、安全卫生		
	区域布置合理，布局方式符合幼儿年龄特点		
	有幼儿作品栏，设有幼儿作品收集袋		

幼儿园：_____　　班级：_____　　观察者：_____　　观察日期：_____

▷ 任务五　幼儿园大型活动的设计与实施

案例 导学

　　马上就到六一儿童节了，实习教师铭铭接到主班教师王老师分配的任务，为六一儿童节写一份活动策划。怎样设计这种大型的活动呢？在活动中要注意哪些事项呢？一系列问题难住了铭铭。

学习目标

1.认知目标:

(1)理解节日活动、外出活动、亲子活动等形式教育活动的主要功能。

(2)明晰节日活动、外出活动、亲子活动等形式教育活动的组织及指导要求。

2.技能目标:尝试策划六一儿童节活动、外出活动和亲子活动方案。

3.素质目标:树立正确的儿童观,尊重幼儿的兴趣。

任务描述

此部分工作任务分为两部分,包括节日活动、外出活动、亲子活动的组织和指导。

任务分析

了解幼儿园节日活动、外出活动、亲子活动的概念及功能,能够策划、组织不同类型的活动,锻炼活动组织能力。

任务准备

能够设计一份规范完整的教学活动方案。

知识准备

一、幼儿园大型活动的特点

1.鲜明的目的性

幼儿园的各项活动都应有明确的目的,大型活动因其涉及人员广,更应目的明确,使全园朝向目标共同努力。

2.周密的计划性和操作性

幼儿园大型活动参与的主要对象是幼儿,因此,策划应针对幼儿身心发展水平等特点,制订周密、详尽、具体的计划,保证专人负责,责任到人。

3.强调社会化与传媒性

大型活动和小型活动的根本区别不仅在于参与人的数量,也在于活动的社会化程度。

二、节日活动及其功能

不同的节日活动,其功能有所不同,即使教育功能相同,其侧重点也有所不同。总体来说,节日活动的功能包括娱乐功能、教育功能、文化功能等。

下面以六一儿童节为例详细讲解。

1.六一儿童节活动的主要形式

从实施范围来看,可分为全园性和以年龄段、班级为单位进行的集体活动。

以班级为单位的六一儿童节庆祝活动,从组织形式上,可分为集体活动、小组活动、个别活动。从活动的内容表现来看,可分为集中教育活动、游戏活动、生活活动。从活动的内容、主题来看,可分为表演类、歌唱类、朗诵类、制作类、运动类、智力竞赛类、绘画类等活动。

2.六一儿童节活动的策划、组织与指导

(1)活动策划与准备。

策划六一儿童节活动,教师应做好两方面的计划,一是利用常规的集中教育活动让儿童认识与了解“六一”;二是利用节日庆祝的形式让儿童感受与体验“六一”。

教师在策划上要从儿童出发,因此,教师可以发挥儿童、家长的智慧,让儿童、家长参与活动的构思,为活动出谋划策。

六一儿童节活动的策划应该是全面的。教师要考虑到活动的目标、主题、时间、地点、器材与材料、人数、活动内容、活动进程、奖品设置、安全预案工作等。

儿童节活动策划既可作为全园性的活动来实施,也可作为班级活动来开展。不同的主题,可以选择适合该主题的各类活动。除了要体现主题外,还要考虑到活动目的、活动时间、活动地点、活动对象、活动内容、活动准备、活动过程及项目进展、礼品设置、安全预案、人员分工等。

(2)活动过程的组织与指导。

六一儿童节活动一般可以分为全园性的、年龄段的和班级的活动。对于全园性的活动,教师首先应熟悉六一儿童节活动的整体安排和主要活动,然后根据活动计划,组织本班幼儿积极参加。全园性的活动因为人多,特别是全园幼儿都集中在一起庆祝六一儿童节,教师要注意各项活动环节的衔接。对于班级性的活动,教师依计划进行,并视情况适当调整。在人员分工、程序安排上应事先做好详细的方案。

(3)注意事项。

在具体活动组织过程中,教师应根据活动的效果和幼儿反应灵活应变,不拘泥于计划。在实施过程中,要注意安全,特别是全园性的活动。如果活动太多、时间过长,容易使儿童产生疲劳,教师要善于观察,及时做出调整。

活动要面向全体,注重个别差异,要多安排一些集体性、小组性的活动。教师应深入了解儿童,挖掘每个儿童的潜能,尽可能为每个儿童提供表现自己长处的机会。教师要尽可能使每个儿童都发挥自己的特长,使每个儿童都有表现自己的机会和得到别人肯定的机会,调动每一位儿童的积极性和参与活动的兴趣,让他们真正感受到节日欢乐的气氛。

从当前六一儿童节现状来看,总体情况是比较好的,但其中也存在一些问题,使得六一儿童节的活动功能出现了异化。例如,让一部分技能好或某方面有特长的孩子参加活动,大部分孩子只是观众;提早排练,甚至放弃正常的教学活动专门排练六一节目;节目的安排由大人一手操办,忽视儿童的权利和主体性、自主性等。这些做法和现象偏离了六一儿童节的活动宗旨,使得六一儿童节的活动功能产生异化,造成消极的影响。

三、外出活动及其功能

外出活动是教育机构有计划、有目的地在教育机构以外开展的活动。

1.外出活动的种类

从活动的目的来看,外出活动分为以休闲放松娱乐、增进情感联系为主要目的的游玩活动(如春游、野外亲子活动);以丰富知识、扩大视野为目的的参观活动;以增长见识、提高社会实践能力为主要目的的社会实践活动;专门作为幼儿园教育活动延伸与扩展的外出活动等。

从活动规模上来看,外出活动可分为只带一个小组或几个儿童的小型外出活动和全班性的甚至全年龄段的大型外出活动。小型外出活动有利于儿童学会分享。大型外出活动往往需要家长和其他人员参与,以保障活动的安全和顺利进行。

从距离来讲,有近距离的外出活动,一般步行即可;也有远距离的外出活动,一般需要坐车前往。

2.外出活动的功能

外出活动的主要功能包括教育功能和娱乐休闲功能。外出活动的教育功能包括多个方面,如增长见识,培养热爱大自然的情感和社会责任感,增强探索欲望,增进师幼之间、家园之间的情感交流等。娱乐休闲功能是一般外出活动本身所具有的功能,即放松心情,享受快乐。

3.外出活动的策划、组织与指导

(1)外出活动的策划。

对于教师来说,首先要做好活动的策划。

外出活动的策划主要应做好以下几个方面的工作。

①外出活动的目标定位。

②外出活动地点的选择和计划的拟订。

(2)外出活动的准备。

在活动方案初步拟订后,还需要开展具体的准备工作,并根据准备工作情况对原先拟订的活动方案进行调整,以便有利于活动的顺利开展。

①提前勘查活动地点。

②做好活动准备。

(3)外出活动的进行。

在活动时,教师可引导儿童欣赏沿途美景、风土人情等,向儿童提出开放性、启发性的问题。在活动地举行的联谊活动、亲子活动等,应按事先准备好的节目有序进行。

(4)外出活动的延伸。

教师可在活动结束时组织儿童开展讨论,通过口头讲述、绘画、手工制作、表演游戏等,儿童可以绘制外出活动路线图,画出外出活动中感兴趣的事物等。

(5)外出活动的评价。

外出活动结束后教师要对外出活动加以反思,制订评价表,既要评价教育目标的达成程度,又要评价儿童在外出活动中的参与程度。

(6)外出活动的安全工作。

对于外出活动的安全工作,教师要注意以下几点。

①活动开始之前,相关人员要对乘用车辆、活动场地、活动器材、活动设备、活动设施等进行安全检查,及时消除不安全因素。使用的车辆应是有服务资质的,并要签订安全协议,购买保险。

②活动前教师要对幼儿强调安全事项,提高幼儿的安全和自我保护意识。

③活动中教师及相关人员随时巡查和提醒幼儿,并适时给予幼儿安全保护,以免出现不安全因素。

④教师应制订详细的安全预案,遇到紧急情况,立即启动安全预案。

四、亲子活动及其功能

1.亲子活动的内涵

从广义来讲,亲子活动是指孩子和大人(主要指家长)一起参加的活动。

学前教育机构的亲子活动是指教师组织家长和孩子共同参与的活动,是一种有助于增进教师与家长、家长与幼儿情感交流,进一步提高教育效益的活动。

另外,从范围来说,亲子活动包括幼儿园亲子活动和家庭亲子活动。本节重点讨论的是幼儿园亲子活动。

2.幼儿园亲子活动的功能

(1)亲子活动是幼儿为了寻求快乐而自愿参加的一种活动。它既可以促进幼儿身体生长,又可以促进幼儿智力的发展,还可以使幼儿产生良好的情绪。

(2)亲子活动让幼儿体验了初步的交往关系,为教师和幼儿之间、幼儿和家长之间搭建了交往平台,有助于幼儿社会性关系的发展。

(3)亲子活动联结了亲子之间的情感联系,为建立良性的亲子关系打下基础,有助于幼儿个性的完善和发展。

3.亲子活动的种类和内容

(1)亲子活动的种类。

从亲子活动的组织形式上看,可分为集体活动、小组活动、个别活动。

从亲子活动的内容或领域来看,可分为运动类、语言类、操作认知类、社会性类、艺术性类等的亲子活动,以及多领域的亲子综合活动。

从亲子活动的表现形式来看,可分为游戏类(亲子游戏)、探索类(亲子制作)、亲近自然类(亲子郊游)、歌舞表演类(亲子同台演出)等。

(2)亲子活动的内容。

亲子活动的内容比较广泛,比较适合幼儿园开展的亲子活动有亲子制作、亲子运动会、亲子表演、亲子郊游、亲子游戏等。教师在设计、组织和开展亲子活动时,可以请本班的孩子及其家长共同参与策划。

4.亲子活动的组织与指导

教师在组织与指导亲子活动时要注意把握以下几个基本环节。

(1)活动开始。

教师要用简洁的语言向家长说明活动的主要目的、要求和主要内容,对他们提出必要的要求。教师可以利用事先准备好的材料、玩教具或身边的环境吸引孩子和家长,目的是使大家进入活动状态,让幼儿对活动产生兴趣,将注意力集中在即将开展的亲子活动上。

(2)活动进行。

在活动开展前教师有必要向家长交代活动的要求,活动可以是面向集体的,也可以是分成小组或单独进行的。初次参加亲子活动的家长,不但自己要有信心,还要积极鼓励孩子完成任务。当然,由于孩子的发展存在差异,教师要引导或提醒家长应尊重孩子的差异,使家长通过参加亲子活动以及教师的指导体验找到指导孩子学习的方法。

(3)活动结束。

亲子活动结束后,教师要对活动进行评价与小结,活动的评价与小结力求简洁,抓住重点,对孩子和家长的表现予以赞赏。同时还要对家长提出回家后的要求,对一些还需要在家里继续进行的亲子活动,鼓励家长自己在家里创编更新更好的活动形式和方法,更好地实现亲子活动的目标。

教师在组织与指导亲子活动时要注意以下几点。

①鼓励家长提出问题,开展有针对性的指导。

②引导家长关注孩子的成长变化,适当安排家长之间的交流。

③活动内容不宜过多,注意动静结合。

④开展个别指导,与家长进行一对一、面对面的交流。

⑤重视养成教育的指导。

5.设计、开展亲子活动的注意事项

教师在设计、开展亲子活动时应注意以下事项。

(1)提供适宜的活动环境。

开展亲子活动需要一定的活动空间、场地、设施、玩具和材料。在策划和组织亲子活动时,教师应根据活动场地的大小决定活动的人数;根据活动的需要提供必要的设施;活动中用到的玩具及材料要符合孩子的年龄特点;同时要做好后勤保障。

(2)亲子活动的指导要多样化。

亲子活动的方式应多种多样,除了常规开展的比较常见的教育活动(亲子活动课程)外,还可以根据家长的不同需求、幼儿的需要与兴趣特点,开展丰富多彩的亲子活动。多样化的指导,能增进幼儿园与家长的联系,使亲子活动更富有成效。

(3)充分利用各种资源。

这里的资源可以理解为两个方面的资源:一是人力资源,二是物质资源。

人力资源主要是指家长,在设计、开展亲子活动时,教师应充分利用家长自身的资源,发挥家长群体的优势,使亲子活动开展得有创意。物质资源主要是指利用生活中可以利用的各种自然物、废旧材料等。

(4)教师要处理好自己与家长的关系。

在设计、开展亲子活动时,教师应主动邀请家长参与,教师和家长是合作者。为了将亲子活动开展得更有成效,幼儿园可以将亲子活动与定期的家庭讲座、咨询活动相结合,使家长对幼儿园的教育、对自己孩子的发展了解得更系统、更深入,从而提高亲子活动的质量。

任务 实施

为幼儿园的秋季运动会制订一份活动方案。

任务 评价

学生自评:

授课教师评价：

实训教师评价：

思考 与练习

1. 请以"迎新年"为主题,制订一份活动方案,要求结构完整。

2. 设计一份亲子运动会方案,要求写出亲子运动会的设计意图、两个运动项目(写出项目的名称、材料和玩法)、家长工作要点以及实施注意事项。

工作 任务书

请详细记录四次幼儿园组织的大型活动。

活动名称	
活动时间	
活动过程	
活动反思	

活动名称	
活动时间	
活动过程	
活动反思	

活动名称	
活动时间	
活动过程	
活动反思	

活动名称	
活动时间	
活动过程	
活动反思	

▶ 任务六　家园合作

案例 导学

实习教师铭铭在她的实习日记中写道,每天下午幼儿离园时,班里总会有家长问我:"今天某某表现得怎么样?"或是"某某这段时间怎么样?""某某最近有没有进步?""某某今天吃饭怎么样?""某某今天中午睡觉了没?"每天面对家长这么多问题,常常会使铭铭不知所措,铭铭该怎样和家长进行沟通,才能取得家长的信任呢?

学习 目标

1.认知目标:了解家园合作的概念。

2.技能目标:能够与不同类型幼儿家长沟通,掌握人际沟通的方法。

3.素质目标:培养综合利用各种教育资源的能力。

任务 描述

了解家园合作的类型;与家长沟通的方法和技巧。

任务 分析

通过学习家园合作的类型以及与家长沟通的方法,有助于做好家长工作;有助于幼儿园与家庭之间形成合力,共同为幼儿的发展创造良好的条件。

任务 准备

熟悉班内每一个幼儿的家庭情况;对于特殊、重点幼儿进行观察并记录。

知识 准备

家园合作是指幼儿园和家庭双方积极主动地相互了解、支持、配合,共同促进学前儿童的身心和谐发展的活动。

1.家园合作的方式

集体方式:

(1)家长会:分为全园或年级家长会以及班级家长会。

(2)家长开放日:它是目前我国学前教育工作中最常用的一种形式。

(3)家长接待日和专家咨询:一般有固定的时间。

(4)家园(所)联系栏:传输信息和知识的桥梁。

个别方式:

(1)家庭访问:新生家访、定期家访、情感性家访、问题儿童的家访。

(2)个别谈话:最简便、最经常、最及时的方法。

(3)家园联系手册或联系卡:灵活方便,传递信息及时。

(4)电话、网络联系:新型的沟通方式。

(5)接送孩子时的随机交流:便捷灵活的指导和沟通方式。

2.家园合作的方法

为了做好家园合作,教师经常需要与不同类型的家长沟通,了解其家庭教育的方式以及对幼儿的期望,与家长沟通要遵循三个原则。

(1)切忌"告状"式的谈话方法。

告状式的谈话会让家长误认为老师不喜欢甚至是讨厌自己的孩子,从而觉得自己的孩子在班里会受到不公正待遇而产生抵制情绪。

(2)讲究策略性和艺术性。

教师和家长沟通要讲究谈话的策略性和艺术性,把谈话建立在客观、全面的基础上;要让家长相信我们,尊重并听取我们的意见,要让家长感受到我们在关注自己孩子的成长和进步。

具体步骤:

①汇报孩子近来的发展情况(进步与问题所在)。

②了解幼儿在家情况及家长的教育方法,找出问题的原因。

③提出解决问题的设想和方法以及家长需要配合做的事。

(3)有效的沟通策略。

①因人而异的沟通策略。

在调查和观察中,我们发现年纪大的家长,特别是隔代家长,更关注幼儿的身体、饮食等生活方面的情况,对孩子过于娇惯,而很少关注幼儿其他方面的表现。年轻的家长,他们更关注孩子的在园表现。所以,对于年纪大的家长,教师不仅要反映孩子在园的生活情况,还要用浅显的语言宣传幼儿全面发展的观念,同时,要注意保持诚恳、尊重、亲切的态度,先做晚辈后做教师。

每个孩子都是不同的,其中包括孩子的年龄、性别、性格、身体状况、发展水平等。孩子的个体状况不同,家长的关注点也不同,沟通的侧重点和方式也不同。

②因事而异的沟通策略。

以交流孩子情况为主进行沟通时,教师最好用具体的语言进行表达;其次,要借助具体事件反映孩子的表现,这样会让家长更容易理解孩子的状况,感受到教师对孩子的关注。

以反映孩子问题为主进行沟通时,教师切忌用"告状"口吻,要注意维护家长的自尊,不当着其他家长和孩子的面反映孩子的缺点,同时遵循"一表扬二建议三希望"的原则。

以布置配合工作为主进行沟通时,教师要明确交代的任务,语言要言简意赅,任务要具体。

③因地而异的沟通策略。

有些常规性的沟通,教师可以在家长接送时用简短的语言在教室内与家长沟通。但是,遇到反映幼儿某方面的"问题"时,教师要注意地点,避开其他家长和孩子。

任务 实施

某天下午离园时,豆豆的奶奶拉着豆豆气冲冲地找到铭铭老师,她指着豆豆脸上红色的指甲印问道:"老师,我家豆豆脸上怎么多了条红印,早上我送来的时候还好着,现在怎么这个样子。你们幼儿园是怎么管孩子的?我要调监控,看看是谁伤着我的宝贝孙女了。"如果你是铭铭老师,你该怎么办?

任务 评价

学生自评:

_____

_____

_____

授课教师评价:

_____

_____

_____

实训教师评价：

_____

_____

_____

思考 与练习

1. 在家园合作中，最简便、最经常、最及时的方法是(   )。

A. 家长开放日   B. 个别谈话

C. 电话、网络联系   D. 接送孩子时的随机交流

2. 请简述家园合作的方法。

工作 任务书

详细观察并记录四次所在班级家园合作的措施及取得的效果。